重要経済安保情報保護活用法

法律·運用基準·施行令

〈重要法令シリーズ132〉

信山社

6112-0101

＜目　次＞

＊ページ数は上部にふられたもの

重要経済安保情報の保護及び活用に関する法律

（令和6年5月17日法律第27号）

重要経済安保情報の保護及び活用に関する法律をここに公布する。

目次

第一章　総則

（目的）

第一条　この法律は、国際情勢の複雑化、社会経済構造の変化等に伴い、経済活動に関して行われる国家及び国民の安全を害する行為を未然に防止する重要性が増大している中で、重要経済基盤に関する情報であって我が国の安全保障（外部からの侵略等の脅威に対して国家及び国民の安全を保障することをいう。以下同じ。）を確保するために特に秘匿することが必要であるものについて、これを適確に保護する体制を確立した上で収集し、整理し、及び活用することが重要であることに鑑み、当該情報の保護及び活用に関し、重要経済安保情報の指定、我が国の安全保障の確保に資する活動を行う事業者への重要経済安保情報の提供、重要経済安保情報の取扱者の制限その他の必要な事項を定めることにより、その漏えいの防止を図り、もって我が国及び国民の安全の確保に資することを目的とする。

（定義）

第二条　この法律において「行政機関」とは、次に掲げる機関をいう。

一　　法律の規定に基づき内閣に置かれる機関（内閣府を除く。）及び内閣の所轄の下に置かれる機関

二　　内閣府、宮内庁並びに内閣府設置法（平成十一年法律第八十九号）第四十九条第一項及び第二項に規定する機関（これらの機関のうち、国家公安委員会にあっては警察庁を、第四号の政令で定める機関が置かれる機関にあっては当該政令で定める機関を除く。）

三　　国家行政組織法（昭和二十三年法律第百二十号）第三条第二項に規定する機関（第五号の政令で定める機関が置かれる機関にあっては、当該政令で定める機関を除く。）

四　　内閣府設置法第三十九条及び第五十五条並びに宮内庁法（昭和二十二年法律第七十号）第十六条第二項の機関並びに内閣府設置法第四十条及び第五十六条（宮内庁法第十八条第一項において準用する場合を含む。）の特別の機関で、警察庁その他政令で定めるもの

五　　国家行政組織法第八条の二の施設等機関及び同法第八条の三の特別の機関で、政令で定めるもの

六　　会計検査院

2　　この法律において「行政機関の長」とは、次の各号に掲げる行政機関の区分に応じ、当該各号に定める者をいう。

一　次号及び第三号に掲げる機関以外の機関　当該機関の長

二　前項第四号及び第五号の政令で定める機関（次号に掲げるものを除く。）　当該機関ごとに政令で定める者

三　合議制の機関　当該機関

3　この法律において「重要経済基盤」とは、我が国の国民生活又は経済活動の基盤となる公共的な役務であってその安定的な提供に支障が生じた場合に我が国及び国民の安全を損なう事態を生ずるおそれがあるものの提供体制並びに国民の生存に必要不可欠な又は広く我が国の国民生活若しくは経済活動が依拠し、若しくは依拠することが見込まれる重要な物資（プログラムを含む。）の供給網をいう。

4　この法律において「重要経済基盤保護情報」とは、重要経済基盤に関する情報であって次に掲げる事項に関するものをいう。

一　外部から行われる行為から重要経済基盤を保護するための措置又はこれに関する計画若しくは研究

二　重要経済基盤の脆(ぜい)弱性、重要経済基盤に関する革新的な技術その他の重要経済基盤に関する重要な情報であって安全保障に関するもの

三　第一号の措置に関し収集した外国（本邦の域外にある国又は地域をいう。以下同じ。）の政府又は国際機関からの情報

四　前二号に掲げる情報の収集整理又はその能力

第二章　重要経済安保情報の指定等

（重要経済安保情報の指定）

第三条　行政機関の長は、当該行政機関の所掌事務に係る重要経済基盤保護情報であって、公になっていないもののうち、その漏えいが我が国の安全保障に支障を与えるおそれがあるため、特に秘匿することが必要であるもの（特別防衛秘密（日米相互防衛援助協定等に伴う秘密保護法（昭和二十九年法律第百六十六号）第一条第三項に規定する特別防衛秘密をいう。）及び特定秘密（特定秘密の保護に関する法律（平成二十五年法律第百八号。以下「特定秘密保護法」という。）第三条第一項に規定する特定秘密をいう。以下同じ。）に該当するものを除く。）を重要経済安保情報として指定するものとする。

2　行政機関の長は、前項の規定による指定（以下「指定」という。）をしたときは、政令で定めるところに

より指定に関する記録を作成するとともに、当該指定に係る重要経済安保情報の範囲を明らかにするため、重要経済安保情報である情報について、次の各号のいずれかに掲げる措置を講ずるものとする。

一　政令で定めるところにより、重要経済安保情報である情報を記録する文書、図画、電磁的記録（電子的方式、磁気的方式その他人の知覚によっては認識することができない方式で作られる記録をいう。以下この号において同じ。）若しくは物件又は当該情報を化体する物件に重要経済安保情報の表示（電磁的記録にあっては、当該表示の記録を含む。）をすること。

二　重要経済安保情報である情報の性質上前号に掲げる措置を講ずることが困難である場合においては、政令で定めるところにより、当該情報について指定が行われた旨を当該情報を取り扱う者に通知すること。

3　行政機関の長は、重要経済安保情報である情報について前項第二号に掲げる措置を講じた場合において、当該情報について同項第一号に掲げる措置を講ずることができることとなったときは、直ちに当該措置を講ずるものとする。

（指定の有効期間及び解除）

第四条　行政機関の長は、指定をするときは、当該指定の日から起算して五年を超えない範囲内においてその有効期間を定めるものとする。

2　行政機関の長は、指定の有効期間（この項の規定により延長した有効期間を含む。）が満了する時において、当該指定をした情報が前条第一項に規定する要件を満たすときは、政令で定めるところにより、五年を超えない範囲内においてその有効期間を延長するものとする。

3　指定の有効期間は、通じて三十年を超えることができない。

4　前項の規定にかかわらず、行政機関の長は、政府の有するその諸活動を国民に説明する責務を全うする観点に立っても、なお指定に係る情報を公にしないことが現に我が国及び国民の安全を確保するためにやむを得ないものであることについて、その理由を示して、内閣の承認を得た場合（行政機関が会計検査院であるときを除く。）は、当該指定の有効期間を、通じて三十年を超えて延長することができる。ただし、次に掲げる情報を除き、指定の有効期間は、通じて六十年を超えることができない。

一　現に行われている外国の政府又は国際機関との交渉に不利益を及ぼすおそれのある情報

二　情報収集活動の手法又は能力に関する情報

三　人的情報源に関する情報

四　外国の政府又は国際機関から六十年を超えて指定を行うことを条件に提供された情報

五　前各号に掲げる情報に準ずるもので政令で定める重要な情報

5　行政機関の長は、前項の内閣の承認を得ようとする場合においては、当該指定に係る重要経済安保情報の保護に関し必要なものとして政令で定める措置を講じた上で、内閣に当該重要経済安保情報を提示することができる。

6　行政機関の長は、第四項の内閣の承認が得られなかったときは、公文書等の管理に関する法律（平成二十一年法律第六十六号）第八条第一項の規定にかかわらず、当該指定に係る情報が記録された行政文書ファイル等（同法第五条第五項に規定する行政文書ファイル等をいう。）の保存期間の満了とともに、これを国立公文書館等（同法第二条第三項に規定する国立公文書館等をいう。）に移管しなければならない。

7　行政機関の長は、指定をした情報が前条第一項に規定する要件を欠くに至ったときは、有効期間内であっても、政令で定めるところにより、速やかにその指定を解除するものとする。

（重要経済安保情報の保護措置）

第五条　行政機関の長は、指定をしたときは、第三条第二項に規定する措置のほか、第十一条第一項又は第二項の規定により重要経済安保情報の取扱いの業務を行うことができることとされる者のうちから、当該行政機関において当該指定に係る重要経済安保情報の取扱いの業務を行わせる職員の範囲を定めることその他の当該重要経済安保情報の保護に関し必要なものとして政令で定める措置を講ずるものとする。

2　警察庁長官は、都道府県警察が保有する情報について指定をしたときは、当該都道府県警察に対し当該指定をした旨を通知するものとする。

3　前項の場合において、警察庁長官は、都道府県警察が保有する重要経済安保情報の取扱いの業務を行わせる職員の範囲その他の当該都道府県警察による当該重要経済安保情報の保護に関し必要なものとして政令で定める事項について、当該都道府県警察に指示するものとする。この場合において、当該都道府県警察の警視総監又は道府県警察本部長（以下「警察本部長」という。）は、当該指示に従い、当該重要経済安保情報の取扱いの業務を行わせる職員の範囲を定めることその他の当該重要経済安保情報の適切な保護のために必要な措置を講じ、及びその職員に当該重要経済安保情報の取扱いの業務を行わせるものとする。

第三章　他の行政機関等に対する重要経済安保情報の提供

（他の行政機関に対する重要経済安保情報の提供）

第六条　重要経済安保情報を保有する行政機関の長は、他の行政機関が我が国の安全保障に関する事務を遂行するために当該重要経済安保情報を利用する必要があると認めたときは、当該他の行政機関に当該重要経済安保情報を提供することができる。ただし、当該重要経済安保情報を保有する行政機関以外の行政機関の長が当該重要経済安保情報について指定をしているとき（当該重要経済安保情報が、この項の規定により当該保有する行政機関の長から提供されたものである場合を除く。）は、当該指定をしている行政機関の長の同意を得なければならない。

2　前項の規定により他の行政機関に重要経済安保情報を提供する行政機関の長は、当該重要経済安保情報の取扱いの業務を行わせる職員の範囲その他の当該他の行政機関による当該重要経済安保情報の保護に関し必要なものとして政令で定める事項について、あらかじめ、当該他の行政機関の長と協議するものとする。

3　第一項の規定により重要経済安保情報の提供を受ける他の行政機関の長は、前項の規定による協議に従い、当該重要経済安保情報の取扱いの業務を行わせる職員の範囲を定めることその他の当該重要経済安保情報の適切な保護のために必要な措置を講じ、及びその職員に当該重要経済安保情報の取扱いの業務を行わせるものとする。

（都道府県警察に対する重要経済安保情報の提供等）

第七条　警察庁長官は、警察庁が保有する重要経済安保情報について、その所掌事務のうち我が国の安全保障に関するものを遂行するために都道府県警察にこれを利用させる必要があると認めたときは、当該都道府県警察に当該重要経済安保情報を提供することができる。

2　第五条第三項の規定は、前項の規定により都道府県警察に重要経済安保情報を提供する場合について準用する。

3　警察庁長官は、警察本部長に対し、当該都道府県警察が保有する重要経済安保情報で第五条第二項の規定による通知に係るものの提供を求めることができる。

（外国の政府等に対する重要経済安保情報の提供）

第八条　重要経済安保情報を保有する行政機関の長は、その所掌事務のうち我が国の安全保障に関するものを遂行するために必要があると認めたときは、外国の政府又は国際機関であって、この法律の規定により行政機関が当該重要経済安保情報を保護するために講ずることとされる措置に相当する措置を講じているものに当該重要経済安保情報を提供することができる。ただし、当該重要経済安保情報を保有する行政機関以外の行政機関の長が当該重要経済安保情報について指定をしているとき（当該重要経済安保情報が、第六条第一項の規定により当該保有する行政機関の長から提供されたものである場合を除く。）は、当該指定をしている行政機関の長の同意を得なければならない。

（その他公益上の必要による重要経済安保情報の提供）

第九条　第四条第五項、前三条、次条第一項及び第十八条第四項に規定するもののほか、行政機関の長は、次に掲げる場合に限り、重要経済安保情報を提供するものとする。

一　重要経済安保情報の提供を受ける者が次に掲げる業務又は公益上特に必要があると認められるこれらに準ずる業務において当該重要経済安保情報を利用する場合（次号から第四号までに掲げる場合を除く。）であって、当該重要経済安保情報を利用し、又は知る者の範囲を制限すること、当該業務以外に当該重要経済安保情報が利用されないようにすることその他の当該重要経済安保情報を利用し、又は知る者がこれを保護するために必要なものとして、イに掲げる業務にあっては附則第十条の規定に基づいて国会において定める措置、イに掲げる業務以外の業務にあっては政令で定める措置を講じ、かつ、我が国の安全保障に著しい支障を及ぼすおそれがないと認めたとき。

イ　各議院又は各議院の委員会若しくは参議院の調査会が国会法（昭和二十二年法律第七十九号）第百

四条第一項（同法第五十四条の四第一項において準用する場合を含む。）又は議院における証人の宣誓及び証言等に関する法律（昭和二十二年法律第二百二十五号）第一条の規定により行う審査又は調査であって、国会法第五十二条第二項（同法第五十四条の四第一項において準用する場合を含む。）又は第六十二条の規定により公開しないこととされたもの

ロ　刑事訴訟法（昭和二十三年法律第百三十一号）第三百十六条の二十七第一項（同条第三項及び同法第三百十六条の二十八第二項において準用する場合を含む。）の規定により裁判所に提示する場合のほか、刑事事件の捜査又は公訴の維持に必要な業務であって、当該業務に従事する者以外の者に当該重要経済安保情報を提供することがないと認められるもの

二　民事訴訟法（平成八年法律第百九号）第二百二十三条第六項（同法第二百三十一条の三第一項において準用する場合を含む。）の規定により裁判所に提示する場合

三　情報公開・個人情報保護審査会設置法（平成十五年法律第六十号）第九条第一項の規定により情報公開・個人情報保護審査会に提示する場合

四　会計検査院法（昭和二十二年法律第七十三号）第十九条の四において読み替えて準用する情報公開・個

人情報保護審査会設置法第九条第一項の規定により会計検査院情報公開・個人情報保護審査会に提示する場合

2　警察本部長は、第七条第三項の規定による求めに応じて警察庁に提供する場合のほか、前項第一号に掲げる場合（当該警察本部長が提供しようとする重要経済安保情報が同号ロに掲げる業務において利用するものとして提供を受けたものである場合以外の場合にあっては、同号に規定する我が国の安全保障に著しい支障を及ぼすおそれがないと認めることについて、警察庁長官の同意を得た場合に限る。）、同項第二号に掲げる場合又は都道府県の保有する情報の公開を請求する住民等の権利について定める当該都道府県の条例（当該条例の規定による諮問に応じて審議を行う都道府県の機関の設置について定める都道府県の条例を含む。）の規定で情報公開・個人情報保護審査会設置法第九条第一項の規定に相当するものにより当該機関に提示する場合に限り、重要経済安保情報を提供することができる。

第四章　適合事業者に対する重要経済安保情報の提供等

第十条　重要経済安保情報を保有する行政機関の長は、重要経済基盤の脆弱性の解消、重要経済基盤の脆弱性及び重要経済基盤に関する革新的な技術に関する調査及び研究の促進、重要経済基盤保護情報を保護するための措置の強化その他の我が国の安全保障の確保に資する活動の促進を図るために、当該脆弱性の解消を図る必要がある事業者又は当該脆弱性の解消に資する活動を行う事業者、当該調査若しくは研究を行う事業者又は当該調査若しくは研究に資する活動を行う事業者、重要経済基盤保護情報を保有する事業者又は重要経済基盤保護情報の保護に資する活動を行う事業者その他の我が国の安全保障の確保に資する活動を行う事業者であって重要経済安保情報の保護のために必要な施設設備を設置していることその他政令で定める基準に適合するもの（次条第四項を除き、以下「適合事業者」という。）に当該重要経済安保情報を利用させる必要があると認めたときは、当該適合事業者との契約に基づき、当該適合事業者に当該重要経済安保情報を提供することができる。ただし、当該重要経済安保情報を保有する行政機関以外の行政機関の長が当該重要経済安保情報について指定をしているとき（当該重要経済安保情報が、第六条第一項の規定により当該保有する行政機関の長から提供されたものである場合を除く。）

は、当該指定をしている行政機関の長の同意を得なければならない。

2　行政機関の長は、当該行政機関の長が保有していない情報であって、当該行政機関の長がその同意を得て適合事業者に行わせる調査又は研究その他の活動により当該適合事業者が保有することが見込まれるものについて指定をした場合において、前項本文に規定する目的のために当該情報を当該適合事業者に利用させる必要があると認めたときは、当該適合事業者に対し、当該情報について指定をした旨を通知するものとする。この場合において、当該行政機関の長は、当該適合事業者との契約に基づき、当該指定に係る情報を、当該適合事業者に重要経済安保情報として保有させることができる。

3　前二項の契約には、次に掲げる事項を定めなければならない。

一　次条第一項又は第二項の規定により重要経済安保情報の取扱いの業務を行うことができることとされる者のうち、当該適合事業者が指名して重要経済安保情報の取扱いの業務を行わせる代表者、代理人、使用人その他の従業者（以下この条、第十二条第一項第一号及び第二号並びに第十三条第二項において「従業

者」という。）の範囲

二　重要経済安保情報の保護に関する業務を管理する者の指名に関する事項

三　重要経済安保情報の保護のために必要な施設設備の設置に関する事項

四　従業者に対する重要経済安保情報の保護に関する教育に関する事項

五　前項の規定により重要経済安保情報を保有する適合事業者にあっては、当該行政機関の長から求められた場合には当該重要経済安保情報を当該行政機関の長に提供しなければならない旨

六　前各号に掲げるもののほか、当該適合事業者による当該重要経済安保情報の保護に関し必要なものとして政令で定める事項

4　第一項の規定により重要経済安保情報の提供を受け、又は第二項の規定により重要経済安保情報を保有する適合事業者は、当該各項の契約に従い、当該重要経済安保情報の取扱いの業務を行わせる従業者の範囲を定めることその他の当該重要経済安保情報の適切な保護のために必要な措置を講じ、及びその従業者に当該重要経済安保情報の取扱いの業務を行わせるものとする。

5　第二項の規定により適合事業者に重要経済安保情報を保有させている行政機関の長は、同項の契約に基づき、当該適合事業者に対し、当該重要経済安保情報の提供を求めることができる。

6　第四項に規定する適合事業者は、前条第一項第一号に掲げる場合（同号に規定する我が国の安全保障に著しい支障を及ぼすおそれがないと認めることについて、当該適合事業者が提供しようとする重要経済安保情報について指定をした行政機関の長の同意を得た場合に限る。）又は同項第二号若しくは第三号に掲げる場合には、重要経済安保情報を提供することができる。

7　第四項に規定する適合事業者は、前二項の規定により提供する場合を除き、重要経済安保情報を提供してはならない。

第五章　重要経済安保情報の取扱者の制限

第十一条　重要経済安保情報の取扱いの業務は、当該業務を行わせる行政機関の長若しくは当該業務を行わせる適合事業者に当該重要経済安保情報を提供し、若しくは保有させる行政機関の長又は当該業務を行わせる警察本部長が直近に実施した次条第一項又は第十五条第一項の規定による適性評価（第十三条第一項（第十五条第二項において読み替えて準用する場合を含む。）の規定による評価対象者（次条第二項に規定する評価対象者をいう。同条第一項第一号イ及び第二号において同じ。）への通知があった日から十年を経過していないものに限る。）において重要経済安保情報の取扱いの業務を行った場合にこれを漏らすおそれがないと認められた者（次条第一項第三号又は第十五条第一項第三号に掲げる者として次条第三項（第十五条第二項において読み替えて準用する場合を含む。）の規定による告知があった者（次項において「再評価対象者」という。）を除く。）でなければ行ってはならない。ただし、次に掲げる者については、次条第一項又は第十五条第一項の規定による適性評価を受けることを要しない。

一　行政機関の長（当該行政機関が合議制の機関である場合にあっては、当該機関の長）

二　国務大臣（前号に掲げる者を除く。）

三　内閣官房副長官

四　内閣総理大臣補佐官

五　副大臣

六　大臣政務官

七　前各号に掲げるもののほか、職務の特性その他の事情を勘案し、次条第一項又は第十五条第一項の規

定による適性評価を受けることなく重要経済安保情報の取扱いの業務を行うことができるものとして政令で定める者

2　前項の規定にかかわらず、重要経済安保情報の取扱いの業務を行わせる行政機関の長若しくは当該業務を行わせる適合事業者に当該重要経済安保情報を提供し、若しくは保有させる行政機関の長又は当該業務を行わせる警察本部長が特定秘密保護法第十二条第一項又は第十五条第一項の規定により直近に実施したこれらの規定による適性評価（当該適性評価の後に当該行政機関の長又は警察本部長による次条第一項又は第十五条第一項の規定による適性評価が実施された場合のものを除く。以下「特定秘密直近適性評価」という。）において特定秘密の取扱いの業務を行った場合にこれを漏らすおそれがないと認められた者（再評価対象者及び特定秘密保護法第十二条第一項第三号又は第十五条第一項第三号に掲げる者として特定秘密保護法第十二条第三項（特定秘密保護法第十五条第二項において読み替えて準用する場合を含む。）の規定による告知があった者を除く。）は、当該特定秘密直近適性評価に係る特定秘密保護法第十三条第一項（特定秘密保護法第十五条第二項において準用する場合を含む。）の規定による通知があった日から五年間に限り、重要経済安保情報の取扱いの業務を行うことができる。

3　特定秘密保護法第十六条第一項の規定にかかわらず、行政機関の長及び警察本部長は、重要経済安保情報の取扱いの業務を自ら行わせ、又は適合事業者が行わせるのに必要な限度において、同項に規定する適性評価の結果に係る情報を自ら利用し、又は提供することができるものとする。

4　特定秘密保護法第十六条第二項の規定にかかわらず、特定秘密保護法第五条第四項に規定する適合事業者及び特定秘密保護法第十六条第二項に規定する事業主は、重要経済安保情報の取扱いの業務を自ら行わせ、又は当該事業主に係る適合事業者が行わせるのに必要な限度において、特定秘密保護法第十三条第二項又は第三項の規定により通知された内容（同条第二項に規定する結果に係るものに限る。）を自ら利用し、又は提供することができるものとする。

第六章　適性評価

（行政機関の長による適性評価の実施）

第十二条　行政機関の長は、次に掲げる者について、その者が重要経済安保情報の取扱いの業務を行った場合にこれを漏らすおそれがないことについての評価（以下「適性評価」という。）を実施するものとする。

一　当該行政機関の職員（当該行政機関が警察庁である場合にあっては、警察本部長を含む。次号において同じ。）又は当該行政機関との第十条第一項若しくは第二項の契約（同号において「契約」という。）に基づき重要経済安保情報の提供を受け、若しくは重要経済安保情報を保有する適合事業者の従業者として重要経済安保情報の取扱いの業務を新たに行うことが見込まれることとなった者であって、次に掲げるもの以外のもの

イ　当該行政機関の長が直近に実施した適性評価において重要経済安保情報の取扱いの業務を行った場合にこれを漏らすおそれがないと認められた者（第三号において「直近適性評価認定者」という。）のうち、当該適性評価に係る次条第一項の規定による評価対象者への通知があった日から十年を経過していないものであって、引き続き当該おそれがないと認められるもの

ロ　当該行政機関の長が実施した特定秘密直近適性評価において特定秘密の取扱いの業務を行った場合にこれを漏らすおそれがないと認められた者（以下この項において「特定秘密直近適性評価認定者」という。）のうち、当該特定秘密直近適性評価に係る

特定秘密保護法第十三条第一項の規定による通知があった日から五年を経過していないものであって、引き続き当該おそれがないと認められるもの

二　当該行政機関の職員又は当該行政機関との契約に基づき重要経済安保情報の提供を受け、若しくは重要経済安保情報を保有する適合事業者の従業者として重要経済安保情報の取扱いの業務を現に行う者であって、当該行政機関の長が直近に実施した適性評価に係る次条第一項の規定による評価対象者への通知があった日から十年（特定秘密直近適性評価認定者である者にあっては、当該行政機関の長が実施した特定秘密直近適性評価に係る特定秘密保護法第十三条第一項の規定による通知があった日から五年）を経過した日以後重要経済安保情報の取扱いの業務を引き続き行うことが見込まれるもの

三　直近適性評価認定者又は特定秘密直近適性評価認定者であって、引き続き重要経済安保情報を漏らすおそれがないと認めることについて疑いを生じさせる事情があるもの

2　適性評価は、適性評価の対象となる者（以下「評価対象者」という。）について、次に掲げる事項についての調査（以下この条及び第十六条第一項において「適性評価調査」という。）を行い、その結果に基づ

き実施するものとする。

一　重要経済基盤毀損活動（重要経済基盤に関する公になっていない情報のうちその漏えいが我が国の安全保障に支障を与えるおそれがあるものを取得するための活動その他の活動であって、外国の利益を図る目的で行われ、かつ、重要経済基盤に関して我が国及び国民の安全を著しく害し、又は害するおそれのあるもの並びに重要経済基盤に支障を生じさせるための活動であって、政治上その他の主義主張に基づき、国家若しくは他人を当該主義主張に従わせ、又は社会に不安若しくは恐怖を与える目的で行われるものをいう。）との関係に関する事項（評価対象者の家族（配偶者（婚姻の届出をしていないが、事実上婚姻関係と同様の事情にある者を含む。以下この号において同じ。）、父母、子及び兄弟姉妹並びにこれらの者以外の配偶者の父母及び子をいう。以下この号において同じ。）及び同居人（家族を除く。）の氏名、生年月日、国籍（過去に有していた国籍を含む。）及び住所を含む。）

二　犯罪及び懲戒の経歴に関する事項

三　情報の取扱いに係る非違の経歴に関する事項

四　薬物の濫用及び影響に関する事項

五　精神疾患に関する事項

六　飲酒についての節度に関する事項

七　信用状態その他の経済的な状況に関する事項

3　適性評価は、あらかじめ、政令で定めるところにより、次に掲げる事項を評価対象者に対し告知した上で、その同意を得て実施するものとする。ただし、第七項の規定の適用を受けて実施する場合においては、当該告知をすることを要しない。

一　前項各号に掲げる事項について適性評価調査が行われる旨

二　適性評価調査を行うため必要な範囲内において、第六項の規定により質問させ、若しくは資料の提出を求めさせ、又は照会して報告を求めることがある旨

三　評価対象者が第一項第三号に掲げる者であるときは、その旨

4　行政機関の長は、適性評価を実施するときは、第七項の規定の適用を受けて実施される場合を除き、内閣総理大臣に対し、必要な資料を添えて、適性評価調査を行うよう求めるものとする。ただし、当該行政機関の業務の遂行に支障を及ぼすおそれがある場合（当該適性評価が同項の規定の適用を受けて実施される場合を除く。）には、当該行政機関の長が、政令で定めるところにより、自ら適性評価調査を行うものとする。

5　内閣総理大臣は、行政機関の長から前項の規定により適性評価調査を行うよう求められたときは、政令で定めるところにより、当該評価対象者について適性評価調査を行い、当該評価対象者が重要経済安保情報を漏らすおそれに関する意見（第七項において「調査意見」という。）を付して、当該適性評価調査の結果を当該行政機関の長に通知するものとする。

6　適性評価調査を行う内閣総理大臣又は行政機関の長は、適性評価調査を行うため必要な範囲内において、その職員に評価対象者若しくは評価対象者の知人その他の関係者に質問させ、若しくは評価対象者に対し資料の提出を求めさせ、又は公務所若しくは公私の団体に照会して必要な事項の報告を求めることができる。

7　第二項の規定にかかわらず、評価対象者が、適性評価を実施する行政機関の長（以下この項において「実施行政機関の長」という。）以外の行政機関の長又は警察本部長が実施した適性評価（次条第一項（第十五条第二項において読み替えて準用する場合を含む。）の規定による通知があった日から十年を経過しておらず、かつ、第五項（第十五条第二項において読み替えて準用する場合を含む。）の規定により内閣総理大臣が当該適性評価に係る適性評価調査を行ったものに限り、当該適性評価の後に実施行政機関の長による適性評価が実施された場合のものを除く。）のうち直近のもの（以下この条において「直近他機関適性評価」という。）において重要経済安保情報の取扱いの業務を行った場合にこれを漏らすおそれがないと認められた者である場合において、当該評価対象者について実施行政機関の長が実施する適性評価については、適性評価調査を行わず、直近他機関適性評価において行われた適性評価調査の結果に基づき実施するものとする。この場合において、内閣総理大臣は、実施行政機関の長の求めに応じ、直近他機関適性評価において行われた適性評価調査の結果及びこれに付した調査意見を当該実施行政機関の長に通知するものとする。

8　前項の規定の適用を受けて実施された適性評価を受けた評価対象者に対して行われた次条第一項の規定による通知は、前条第一項並びにこの条第一項第一号イ及び第二号の規定の適用については、直近他機関適性評価の結果について次条第一項（第十五条第二項において読み替えて準用する場合を含む。）の規定による評価対象者への通知が行われた日に行われたものとみなす。

（適性評価の結果等の通知）

第十三条　行政機関の長は、適性評価を実施したときは、その結果（当該適性評価が前条第七項の規定の適用を受けて実施された場合にあっては、その旨を含む。次項及び次条第一項において同じ。）を評価対象者及び内閣総理大臣に対し通知するものとする。

2　行政機関の長は、適合事業者の従業者について適性評価を実施したときはその結果を、当該従業者が前条第三項の同意をしなかったことにより適性評価が実施されなかったときはその旨を、それぞれ当該適合事業者に対し通知するものとする。

3　前項の規定による通知を受けた適合事業者は、当該評価対象者が当該適合事業者の指揮命令の下に労働する派遣労働者（労働者派遣事業の適正な運営の確保及び派遣労働者の保護等に関する法律（昭和六十年法律第八十八号）第二条第二号に規定する派遣労働者をいう。第十六条第二項において同じ。）であるときは、当該通知の内容を当該評価対象者を雇用する事業主に対し通知するものとする。

4　行政機関の長は、第一項の規定により評価対象者に対し重要経済安保情報の取扱いの業務を行った場合にこれを漏らすおそれがないと認められなかった旨を通知するときは、適性評価の円滑な実施の確保を妨げない範囲内において、当該おそれがないと認められなかった理由を併せて通知するものとする。ただし、当該評価対象者があらかじめ当該理由の通知を希望しない旨を申し出た場合は、この限りでない。

（行政機関の長に対する苦情の申出等）

第十四条　評価対象者は、前条第一項の規定により通知された適性評価の結果その他当該評価対象者について実施された適性評価について、書面で、行政機関の長に対し、苦情の申出をすることができる。

2　行政機関の長は、前項の苦情の申出を受けたときは、これを誠実に処理し、処理の結果を苦情の申出をした者に通知するものとする。

3　評価対象者は、第一項の苦情の申出をしたことを理由として、不利益な取扱いを受けない。

（警察本部長による適性評価の実施等）

第十五条　警察本部長は、次に掲げる者について、適性評価を実施するものとする。

一　当該都道府県警察の職員（警察本部長を除く。次号において同じ。）として重要経済安保情報の取扱いの業務を新たに行うことが見込まれることとなった者であって、次に掲げるもの以外のもの

イ　当該警察本部長が直近に実施した適性評価において重要経済安保情報の取扱いの業務を行った場合にこれを漏らすおそれがないと認められた者（第三号において「直近警察適性評価認定者」という。）のうち、当該適性評価に係る次項において読み替えて準用する第十三条第一項の規定による評価対象者への通知があった日から十年を経過していないものであって、引き続き当該おそれがないと認められるもの

ロ　当該警察本部長が実施した特定秘密直近適性評価において特定秘密の取扱いの業務を行った場合にこれを漏らすおそれがないと認められた者（以下この項において「特定秘密直近警察適性評価認定者」という。）のうち、当該特定秘密直近適性評価に係る特定秘密保護法第十五条第二項において準用する特定秘密保護法第十三条第一項の規定による通知があった日から五年を経過していないものであって、引き続き当該おそれがないと認められるもの

二　当該都道府県警察の職員として重要経済安保情

報の取扱いの業務を現に行う者であって、当該警察本部長が直近に実施した適性評価に係る次項において読み替えて準用する第十三条第一項の規定による評価対象者への通知があった日から十年（特定秘密直近警察適性評価認定者である者にあっては、当該警察本部長が実施した特定秘密直近適性評価に係る特定秘密保護法第十五条第二項において準用する特定秘密保護法第十三条第一項の規定による通知があった日から五年）を経過した日以後重要経済安保情報の取扱いの業務を引き続き行うことが見込まれるもの

三　直近警察適性評価認定者又は特定秘密直近警察適性評価認定者であって、引き続き重要経済安保情報を漏らすおそれがないと認めることについて疑いを生じさせる事情があるもの

2　前三条（第十二条第一項並びに第十三条第二項及び第三項を除く。）の規定は、前項の規定により警察本部長が実施する適性評価について準用する。この場合において、第十二条第三項第三号中「第一項第三号」とあるのは「第十五条第一項第三号」と、同条第四項中「内閣総理大臣」とあるのは「警察庁長官を通じて内閣総理大臣」と、「行政機関の業務」とあるのは「都道府県警察の業務」と、同条第五項中「結果を」とあるのは「結果を警察庁長官を通じて」と、同条第七項

中「適性評価を実施する行政機関の長（以下この項において「実施行政機関の長」という。）以外の行政機関の長又は警察本部長」とあるのは「行政機関の長又は適性評価を実施する警察本部長（以下この項において「実施警察本部長」という。）以外の警察本部長」と、「実施行政機関の長による」とあるのは「実施警察本部長による」と、「実施行政機関の長が」とあるのは「実施警察本部長が」と、「実施行政機関の長の求め」とあるのは「実施警察本部長が警察庁長官を通じて行う求め」と、「当該実施行政機関の長」とあるのは「警察庁長官を通じて当該実施警察本部長」と、同条第八項中「この条第一項第一号イ」とあるのは「第十五条第一項第一号イ」と、第十三条第一項中「ものとする」とあるのは「ものとする。この場合において、内閣総理大臣への通知は、警察庁長官を通じて行うものとする」と読み替えるものとする。

（適性評価に関する個人情報の利用及び提供の制限）

第十六条　内閣総理大臣並びに行政機関の長及び警察本部長は、重要経済安保情報の保護以外の目的のために、評価対象者が第十二条第三項（前条第二項において読み替えて準用する場合を含む。）の同意をしなかったこと、評価対象者についての適性評価の結果その他適性評価又は適性評価調査の実施に当たって取得する個人情報（生存する個人に関する情報であって、当該情報に含まれる氏名、生年月日その他の記述等により特定の個人を識別することができるもの（他の情報と容易に照合することができ、それにより特定の個人を識別することができることとなるものを含む。）をいう。以下この項において同じ。）を自ら利用し、又は提供してはならない。ただし、適性評価又は適性評価調査の実施によって当該個人情報に係る特定の個人が国家公務員法（昭和二十二年法律第百二十号）第三十八条各号、同法第七十五条第二項に規定する人事院規則の定める事由、同法第七十八条各号、第七十九条各号若しくは第八十二条第一項各号、検察庁法（昭和二十二年法律第六十一号）第二十条第一項各号、外務公務員法（昭和二十七年法律第四十一号）第七条第一項に規定する者、自衛隊法（昭和二十九年法律第百六十五号）第三十八条第一項各号、第四十二条各号、第四十三条各号若しくは第四十六条第一項各号、同法第四十八条第一項に規定する場合若しくは同条第二項各号若しくは第三項各号若しくは地方公務員法（昭和二十五年法律第二百六十一号）第十六条各号、第二十八条第一項各号若しくは第二項各号若しくは第二十九条第一項各号又はこれらに準ずるものとして政令で定める事由のいずれかに該当する疑いが生じたとき及び特定秘密保護法第十二条第四項に基づく照会に対して必要な事項を報告するときは、この限りでない。

2　第十三条第二項又は第三項の規定による通知を受けた適合事業者及び適合事業者の指揮命令の下に労働する派遣労働者を雇用する事業主は、重要経済安保情報の保護以外の目的のために、当該通知の内容を自ら利用し、又は提供してはならない。

（権限又は事務の委任）

第十七条　内閣総理大臣又は行政機関の長は、政令（内閣の所轄の下に置かれる機関及び会計検査院にあっては、当該機関の命令）で定めるところにより、この章に定める権限又は事務をその職員に委任することができる。

第七章　雑則

（重要経済安保情報の指定等の運用基準等）

第十八条　政府は、重要経済安保情報の指定及びその解除、適性評価の実施並びに適合事業者の認定（行政機関の長が、事業者が適合事業者に該当すると認めることをいう。以下同じ。）に関し、統一的な運用を図るための基準を定めるものとする。

2　内閣総理大臣は、前項の基準を定め、又はこれを変更しようとするときは、我が国の安全保障に関する情報の保護、行政機関等の保有する情報の公開、公文書等の管理等に関し優れた識見を有する者の意見を聴いた上で、その案を作成し、閣議の決定を求めなければならない。

3　内閣総理大臣は、毎年、第一項の基準に基づく重要経済安保情報の指定及びその解除、適性評価の実施並びに適合事業者の認定の状況を前項に規定する者に報告し、その意見を聴かなければならない。

4　内閣総理大臣は、重要経済安保情報の指定及びその解除、適性評価の実施並びに適合事業者の認定が第一項の基準に従って行われていることを確保するため必要があると認めるときは、行政機関の長（会計検査院を除く。）に対し、重要経済安保情報である情報を含む資料の提出及び説明を求め、並びに重要経済安保情報の指定及びその解除、適性評価の実施並びに適合事業者の認定について必要な勧告をし、又はその勧告の結果とられた措置について報告を求めることができる。

（国会への報告等）

第十九条　政府は、毎年、前条第三項の意見を付して、重要経済安保情報の指定及びその解除、適性評価の実施並びに適合事業者の認定の状況について国会に報告するとともに、公表するものとする。

（関係行政機関の協力）

第二十条　内閣総理大臣及び関係行政機関の長は、重要経済安保情報の指定、適性評価の実施、適合事業者の認定その他この法律の規定により講ずることとされる措置に関し、重要経済基盤保護情報であって特に秘匿することが必要であるものの漏えいを防止するため、相互に協力するものとする。

（政令への委任）

第二十一条　この法律に定めるもののほか、この法律の実施のための手続その他この法律の施行に関し必要な事項は、政令で定める。

（この法律の解釈適用）

第二十二条　この法律の適用に当たっては、これを拡張して解釈して、国民の基本的人権を不当に侵害するようなことがあってはならず、国民の知る権利の保障に資する報道又は取材の自由に十分に配慮しなければならない。

2　出版又は報道の業務に従事する者の取材行為については、専ら公益を図る目的を有し、かつ、法令違反又は著しく不当な方法によるものと認められない限りは、これを正当な業務による行為とするものとする。

第八章　罰則

第二十三条　重要経済安保情報の取扱いの業務に従事する者がその業務により知り得た重要経済安保情報を漏らしたときは、五年以下の拘禁刑若しくは五百万円以下の罰金に処し、又はこれを併科する。重要経済安保情報の取扱いの業務に従事しなくなった後においても、同様とする。

2　第四条第五項、第八条、第九条、第十条第五項若

しくは第六項又は第十八条第四項の規定により提示され、又は提供された重要経済安保情報について、当該提示又は提供の目的である業務により当該重要経済安保情報を知り得た者がこれを漏らしたときは、三年以下の拘禁刑若しくは三百万円以下の罰金に処し、又はこれを併科する。第九条第一項第一号ロに規定する場合において提示された重要経済安保情報について、当該重要経済安保情報の提示を受けた者がこれを漏らしたときも、同様とする。

3　前二項の罪の未遂は、罰する。

4　過失により第一項の罪を犯した者は、一年以下の拘禁刑又は三十万円以下の罰金に処する。

5　過失により第二項の罪を犯した者は、六月以下の拘禁刑又は二十万円以下の罰金に処する。

第二十四条　外国の利益若しくは自己の不正の利益を図り、又は我が国の安全若しくは国民の生命若しくは身体を害すべき用途に供する目的で、人を欺き、人に暴行を加え、若しくは人を脅迫する行為により、又は財物の窃取若しくは損壊、施設への侵入、有線電気通信の傍受、不正アクセス行為（不正アクセス行為の禁止等に関する法律（平成十一年法律第百二十八号）第二条第四項に規定する不正アクセス行為をいう。）その他の重要経済安保情報を保有する者の管理を害する行為により、重要経済安保情報を取得したときは、当該違反行為をした者は、五年以下の拘禁刑若しくは五百万円以下の罰金に処し、又はこれを併科する。

２　前項の罪の未遂は、罰する。

３　前二項の規定は、刑法（明治四十年法律第四十五号）その他の罰則の適用を妨げない。

第二十五条　第二十三条第一項又は前条第一項に規定する行為の遂行を共謀し、教唆し、又は煽(せん)動した者は、三年以下の拘禁刑又は三百万円以下の罰金に処する。

２　第二十三条第二項に規定する行為の遂行を共謀し、教唆し、又は煽動した者は、二年以下の拘禁刑又は二百万円以下の罰金に処する。

第二十六条　第二十三条第三項若しくは第二十四条第二項の罪を犯した者又は前条の罪を犯した者のうち第二十三条第一項若しくは第二項若しくは第二十四条第

一項に規定する行為の遂行を共謀したものが自首したときは、その刑を減軽し、又は免除する。

第二十七条　第二十三条の規定は、日本国外において同条の罪を犯した者にも適用する。

２　第二十四条及び第二十五条の罪は、刑法第二条の例に従う。

第二十八条　法人（法人でない団体で代表者又は管理人の定めのあるものを含む。以下この項において同じ。）の代表者又は法人若しくは人の代理人、使用人その他の従業者が、その法人又は人の業務に関して、第二十三条第一項若しくは第三項（同条第一項に係る部分に限る。）又は第二十四条第一項若しくは第二項の違反行為をしたときは、その行為者を罰するほか、その法人又は人に対し、各本条の罰金刑を科する。

２　法人でない団体について前項の規定の適用がある場合には、その代表者又は管理人が、その訴訟行為につき法人でない団体を代表するほか、法人を被告人又は被疑者とする場合の刑事訴訟に関する法律の規定を準用する。

附　則　抄

（施行期日）

第一条　この法律は、公布の日から起算して一年を超えない範囲内において政令で定める日から施行する。ただし、第十八条第一項及び第二項（基準の変更に係る部分を除く。）の規定並びに附則第五条〔中略〕及び第八条から第十条までの規定は、公布の日から施行する。

（重要経済安保情報の取扱いの業務を行わせる行政機関等の職員に関する経過措置）

第二条　この法律の施行の日（次条及び附則第四条において「施行日」という。）から起算して一年を超えない範囲内において政令で定める日の前日までの間においては、第十一条第一項の規定にかかわらず、行政機関の長又は警察本部長は、当該行政機関又は都道府県警察の職員のうち当該行政機関の長又は警察本部長が指名する者に重要経済安保情報の取扱いの業務を行わせることができる。この場合において、第五条第一項及び第三項並びに第六条第二項及び第三項の規定の適用については、第五条第一項中「第十一条第一項又は第二項の規定により重要経済安保情報の取扱いの業務を行うことができることとされる者のうちから、当該行政機関」とあるのは「当該行政機関」と、同項及び同条第三項並びに第六条第三項中「の範囲を定める」とあるのは「を指名する」と、第五条第三項及び第六条第二項中「範囲その他」とあるのは「指名その他」とする。

（民事訴訟法の規定により裁判所に重要経済安保情報を提示する場合に関する経過措置）

第三条　施行日から民事訴訟法等の一部を改正する法律（令和四年法律第四十八号）の施行の日の前日までの間における第九条第一項第二号の規定の適用については、同号中「第二百二十三条第六項（同法第二百三十一条の三第一項において準用する場合を含む。）」とあるのは、「第二百二十三条第六項」とする。

（調整規定）

第四条　施行日が刑法等の一部を改正する法律（令和四年法律第六十七号）の施行の日（以下この条において「刑法施行日」という。）前である場合には、刑法施行日の前日までの間における第二十三条（第三項を除く。）、第二十四条第一項及び第二十五条の規定（以下この条において「第二十三条等の規定」という。）の適用については、第二十三条第一項及び第二項、第二十四条第一項並びに第二十五条中「拘禁刑」とあるのは「懲役」と、第二十三条第四項及び第五項中「拘禁刑」とあるのは「禁錮」とする。刑法施行日以後における刑法施行日前にした行為に対する第二十三条等の規定の適用についても、同様とする。

（政令への委任）

第五条　前三条に定めるもののほか、この法律の施行に関し必要な経過措置（罰則に関する経過措置を含む。）は、政令で定める。

（指定及び解除の適正の確保）

第九条　政府は、重要経済安保情報の指定及びその解除の適正を確保するために必要な方策について検討し、その結果に基づいて所要の措置を講ずるものとする。

（国会に対する重要経済安保情報の提供及び国会におけるその保護措置の在り方）

第十条　国会に対する重要経済安保情報の提供につい

ては、政府は、国会が国権の最高機関であり各議院がその会議その他の手続及び内部の規律に関する規則を定める権能を有することを定める日本国憲法及びこれに基づく国会法等の精神にのっとり、この法律を運用するものとし、重要経済安保情報の提供を受ける国会におけるその保護に関する方策については、国会において、検討を加え、その結果に基づいて必要な措置を講ずるものとする。

重要経済安保情報の指定及びその解除、適性評価の実施並びに適合事業者の認定に関し、統一的な運用を図るための基準の策定について

（令和７年１月31日
閣議決定）

重要経済安保情報の保護及び活用に関する法律（令和６年法律第27号）第18条第１項に基づき、重要経済安保情報の指定及びその解除、適性評価の実施並びに適合事業者の認定に関し、統一的な運用を図るための基準を別紙のとおり定める。

（別紙）

重要経済安保情報の指定及びその解除、適性評価の実施並びに適合事業者の認定に関し、統一的な運用を図るための基準

令和７年１月31日

重要経済安保情報の指定及びその解除、適性評価の実施並びに適合事業者の認定に関し、統一的な運用を図るための基準

目次

第１章　基本的な考え方

１　策定の趣旨

重要経済安保情報の保護及び活用に関する法律（令和６年法律第27号。以下「法」という。）第18条第１項においては、政府は、重要経済安保情報（法第３条第１項に規定する重要経済安保情報をいう。以下同じ。）の指定及びその解除、適性評価（法第12条第１項に規定する適性評価をいう。以下同じ。）の実施並びに適合事業者（法第10条第１項に規定する適合事業者をいう。以下同じ。）の認定に関し、統一的な運用を図るための基準（以下「本運用基準」という。）を定めることとしている。

重要経済安保情報の指定や解除、適性評価の実施や適合事業者の認定は、行政機関の長（法第２条第２項に規定する行政機関の長をいう。以下同じ。）が各々行うことになる。本運用基準は、法の施行に関して、政府として講ずべき措置や遵守すべき事項を規定することにより、政府における運用を統一化することを目的とする。

なお、本運用基準における用語の定義は、法又は重要経済安保情報の保護及び活用に関する法律施行令（令和７年政令第26号。以下「施行令」という。）の定めるところによる。

２　法の運用に当たって留意すべき事項

(1)　拡張解釈の禁止並びに基本的人権及び報道・取材の自由の尊重

法は、第22条第１項及び第２項において、その適用に当たっては、これを拡張して解釈して、国民の基本的人権を不当に侵害するようなことがあってはならず、国民の知る権利の保障に資する報道又は取材の自由に十分に配慮しなければならないこと、及び出版又は報道の業務に従事する者の取材行為については、専ら公益を図る目的を有し、かつ、法令違反又は著しく不当な方法によるものと認められない限りは、これを正当な業務による行為とするものとすることを定めている。法の運用に関する全ての者は、当該規定の内容を十分に理解し、以下の点に留意しなければならない。

①　法が定める各規定を拡張して解釈してはならず、厳格にこれを適用すること。特に、法第３条第１項及び第４条については、この点により一層留意し、本運用基準の規定に従って、必要最小限の情報を必要最低限の期間に限って重要経済安保情報として指定すること。

②　憲法に規定する基本的人権を不当に侵害することのないようにすること。特に、適性評価の実施に当たっては、プライバシーの保護に十分に配慮しなければならないこと。

③　いわゆる国民の知る権利は、憲法第21条の保障する表現の自由や、憲法のよって立つ基盤である民主主義社会の在り方と結び付いたものとして、十分尊重されるべきものであること。特に、報道又は取材の自由については、国民の知る権利を保障するものとして十分に配慮することとし、出版又は報道の業務に従事する者と接触する際には、法第22条第１項及び第２項の規定を遵守すること。

(2)　公文書管理法及び情報公開法の適正な運用

重要経済安保情報が、行政文書（公文書等の管理に関する法律（平成 21 年法律第 66 号。以下「公文書管理法」という。）第２条第４項に規定する行政文書をいう。以下同じ。）の形で管理されている場合には、公文書管理法が適用される。重要経済安保情報の指定が解除され、又は指定の有効期間が満了し、当該文書の保存期間が満了した場合に、歴史公文書等（公文書管理法第２条第６項に規定する歴史公文書等をいう。以下同じ。）に該当するものは、国立公文書館等（公文書管理法第２条第３項に規定する国立公文書館等をいう。以下同じ。）に移管される。

また、重要経済安保情報を記録する行政文書（以下「重要経済安保情報文書」という。）には、行政機関の保有する情報の公開に関する法律（平成 11 年法律第 42 号。以下「情報公開法」という。）も適用され、何人も、情報公開法に定めるところにより、行政機関の長に対し、重要経済安保情報文書の開示を請求することができる。開示請求を受けた行政機関の長は、情報公開法に基づき、開示・不開示の決定を行うこととなる。重要経済安保情報に係る部分は、その性質上、同法第５条各号に掲げる不開示情報の一部に該当すると解されるが、実際に開示・不開示の決定を行う際には、その該当性を厳格に判断する必要がある。なお、不開示決定がなされた場合であって、当該不開示決定について不服申立てがなされたときは、行政機関の長の諮問に応じ、情報公開・個人情報保護審査会等（以下単に「審査会等」という。）が当該不開示決定の適否を調査審議することとなる。この場合において、審査会等は、必要があると認めるときは、情報公開・個人情報保護審査会設置法（平成 15 年法律第 60 号）第９条第１項（会計検査院法（昭和 22 年法律第 73 号）第 19 条の４において読み替えて準用する場合を含む。）の規定に基づき、当該行政機関の長に対し、当該不開示決定に係る行政文書の提示を求めることができ、提示を求められた当該行政機関の長は、法第９条第１項第３号又は第４号の規定に基づき、審査会等に重要経済安保情報を提供することとなる。そして、審査会等による調査審議の結果、行政機関の長が当該重要経済安保情報に係る部分を開示する際は、その指定を解除することとなる。

行政機関（法第２条第１項に規定する行政機関をいう。以下同じ。）において法の運用に関する全ての者は、これらの点について十分に理解した上で、法だけではなく、公文書管理法及び情報公開法についても各規定の内容を正確に理解してその適正な運用を徹底し、国民に対する説明責務を全うしなければならない。

3　重要経済安保情報を取り扱う者等の責務

重要経済安保情報を取り扱う者は、法、施行令、本運用基準及び各種関連規程の内容を十分に理解し、これらの適正な運用の確保を図りつつ、重要経済安保情報の保護のための措置を適確に講じなければならない。

また、重要経済安保情報を取り扱う者は、自身が重要経済安保情報の漏えいの働き掛けを受ける対象となり得ることを十分に認識し、施行令第 11 条第１項第２号及び第 16 条第１項第１号に基づき実施される重要経済安保情報の保護に関する教育を受講するなどして規範意識を常に高く保たなければならない。

さらに、重要経済安保情報を取り扱う者は、重要経済安保情報の漏えいの働き掛けを受けた場合又はその兆候を認めた場合には、上司その他の適当な者へ報告するなど、適切に対処するものとする。

上記は、重要経済安保情報を取り扱わなくなった者についても、同様とする。

第２章　重要経済安保情報の指定

第１節　指定の要件

法第３条第１項は、行政機関の長が指定する重要経済安保情報について、以下の３つの要件を規定している。

- 当該行政機関の所掌事務に係る重要経済基盤保護情報（法第２条第４項に規定する重要経済基盤保護情報をいう。以下同じ。）であること（以下「重要経済基盤保護情報該当性」という。）
- 公になっていない情報であること（以下「非公知性」という。）
- その漏えいが我が国の安全保障に支障を与えるおそれがあるため、特に秘匿することが必要である情報であること（以下「秘匿の必要性」という。）

重要経済安保情報に指定される情報からは、特別防衛秘密（日米相互防衛援助協定等に伴う秘密保護法（昭和 29 年法律第 166 号）第１条第３項に規定する特別防衛秘密をいう。）及び特定秘密（特定秘密の保護に関する法律（平成 25 年法律第 108 号）第３条第１項に規定する特定秘密をいう。）に該当するものは除かれる。

行政機関の長が指定しようとする情報について、要件該当性を判断するに当たっての基準は、以下１から３のとおりとする。

１　重要経済基盤保護情報該当性

(1)　重要経済基盤

重要経済基盤保護情報とは、重要経済基盤（法第２条第３項に規定する重要経済基盤をいう。以下同じ。）に関する情報であって、同条第４項第１号から第４号までに掲げる事項に関するものと規定されている。また、重要経済基盤とは、同条第３項において、以下の２つが規定されている。

- 我が国の国民生活又は経済活動の基盤となる公共的な役務であってその安定的な提供に支障が生じた場合に我が国及び国民の安全を損なう事態を生ずるおそれがあるものの提供体制（以下「基盤公共役務の提供体制」という。）
- 国民の生存に必要不可欠な又は広く我が国の国民生活若しくは経済活動が依拠し、若しくは依拠することが見込まれる重要な物資（プログラムを含む。）の供給網（以下「重要物資の供給網」という。）

上記２つに関する詳細は、以下のとおり。

①　基盤公共役務の提供体制

「基盤公共役務」とは、国民生活又は経済活動が依存している役務であって、その利用を欠くことにより、広範囲又は大規模な社会的混乱を生ずるなどの経済・社会秩序の平穏を損なう事態が生じ得るものや、広範囲又は大規模な社会的混乱を生じないものであっても、国民の生存に不可欠な役務であって、その代替が困難であるものなどを指す。例えば、基盤公共役務には、経済施策を一体的に講ずることによる安全保障の確保の推進に関する法律（令和４年法律第 43 号。以下「経済安全保障推進法」

という。）第 50 条第１項に規定する特定社会基盤事業や、サイバーセキュリティ基本法（平成 26 年法律第 104 号）第３条第１項及び第 12 条第２項第３号に規定する重要社会基盤事業者等の営む事業として「重要インフラのサイバーセキュリティに係る行動計画」（2022 年６月 17 日サイバーセキュリティ戦略本部決定、2024 年３月８日改定）別紙１に掲げる重要インフラ事業者等が属する各重要インフラ分野において提供される役務、国の行政機関自身が提供する役務の一部等が含まれる。

「基盤公共役務の提供体制」には、基盤公共役務を提供する事業者（委託先を含む。以下この節において同じ。）及び行政機関の施設・設備等のほか、事業者及び行政機関が保有する技術、知識、データ、人員など、それが侵害された場合に役務の安定的な提供に支障を及ぼす経営資源全体などが含まれる。

②　重要物資の供給網

「重要物資」とは、例えば、経済安全保障推進法第７条に規定する特定重要物資及びその原材料等が含まれるが、これに限らず、当該物資の供給が停止又は低下することにより、我が国及び国民の安全を損なう事態が生ずるおそれがあるため、当該物資の供給網を強靱《じん》化する取組又は当該物資の外部への依存を低減する取組などを通じて、当該物資の安定供給確保を図ることが特に必要と認められるものが含まれる。

「重要物資の供給網」とは、当該物資の企画・開発から、原材料や部品などの調達、生産、在庫管理、配送、販売、消費までのプロセス全体を指し、当該物資が最終消費者に届くまでの「供給の連鎖」を指す。

(2)　重要経済基盤保護情報該当性

重要経済基盤保護情報該当性の判断は、上記の重要経済基盤に関する情報が、以下のとおり、法第２条第４項各号に掲げる事項の内容を具体的に示した事項の細目に該当するか否かにより行うものとする。なお、重要経済基盤保護情報に該当すると判断された情報について、その全てを重要経済安保情報として指定するものではなく、当該情報のうち、後述の非公知性及び秘匿の必要性の要件を満たすもののみを重要経済安保情報として指定する。

【第１号　外部から行われる行為から重要経済基盤を保護するための措置又はこれに関する計画若しくは研究】

①　外部から行われる行為から基盤公共役務の提供体制を保護するための措置又はこれに関する計画若しくは研究のうち、以下に掲げる事項に関するもの

ア　基盤公共役務を提供する事業者及び行政機関の施設・設備等の安全確保に関する措置

a　施設・設備等の導入及び維持管理等に係る規制・制度に関して行政機関が行う審査・監督等の措置

b　施設・設備等に対する外部からの物理攻撃、サイバー攻撃その他の役務の提供

に支障を与える行為に対応するための措置
c　施設・設備等に係るその他の安全確保に係る措置（a 及び b に掲げるものを除く。）
イ　基盤公共役務を提供する事業者の経営や、事業者及び行政機関が保有する技術、知識、データ、人員等の役務の安定的な提供を行う体制を維持するために必要とするその他の経営資源に対し外部から行われる行為からの保護措置
②　外部から行われる行為から重要物資の供給網を保護するための措置又はこれに関する計画若しくは研究のうち、以下に掲げる事項に関するもの
ア　外部から行われる輸出入規制、不公正な貿易政策、国際物流網の封鎖等の行為による重要物資の供給途絶や供給不足、国内生産基盤の弱体化等に対応するための措置
イ　重要物資の供給網に関わる事業者及び行政機関の施設・設備等の安全確保に関する措置
a　施設・設備等に対する外部からの物理攻撃、サイバー攻撃その他の重要物資の安定供給に支障を与える行為に対応するための措置
b　施設・設備等に係るその他の安全確保に係る措置（a に掲げるものを除く。）
ウ　重要物資の供給網に関わる事業者の経営や、事業者及び行政機関が保有する技術、知識、データ、人員等の物資の安定提供を行う体制を維持するために必要とするその他の経営資源に対し外部から行われる行為からの保護措置

【第２号　重要経済基盤の脆《ぜい》弱性、重要経済基盤に関する革新的な技術その他の重要経済基盤に関する重要な情報であって安全保障に関するもの】
①　重要経済基盤の脆弱性に関する情報であって安全保障に関するもの
ア　基盤公共役務の提供体制の脆弱性に関する情報であって安全保障に関するもののうち、以下に掲げる事項に関するもの
a　基盤公共役務を提供する事業者及び行政機関の施設・設備等の脆弱性に関する情報
b　基盤公共役務を提供する事業者の経営や、事業者及び行政機関が保有する技術、知識、データ、人員等の役務の安定的な提供を行う体制を維持するために必要とするその他の経営資源に関する脆弱性に関する情報
イ　重要物資の供給網の脆弱性に関する情報であって安全保障に関するもののうち、以下に掲げる事項に関するもの
a　重要物資の外部依存度、非代替性、供給途絶時の影響の詳細等につき調査・分析等により得られた情報
b　重要物資の供給網に関わる事業者及び行政機関の施設・設備等の脆弱性に関する情報
c　重要物資の供給網に関わる事業者の経営や、事業者及び行政機関が保有する技

術、知識、データ、人員等、物資の安定供給を行う体制を維持するために必要とするその他の経営資源に関する脆弱性に関する情報

② 重要経済基盤に関する革新的な技術に関する情報であって安全保障に関するもののうち、以下に掲げる事項に関するもの

ア 重要経済基盤に関する革新的な技術の国際共同研究開発において、外国の政府等から提供され、当該外国において本法による保護措置に相当する措置が講じられている情報

イ 重要経済基盤に関する革新的な技術で我が国が技術優位性を持つ分野（これから技術優位性を確保しようとする分野も含む。）に関する研究・調査・分析・審査等により得られた情報

ウ 重要経済基盤を防護するための革新的技術に関する情報

③ その他の重要経済基盤に関する重要な情報であって安全保障に関するもの

【第３号 外部から行われる行為から重要経済基盤を保護するための措置に関し収集した外国の政府又は国際機関からの情報】

外部から行われる行為から重要経済基盤を保護するための措置又はこれに関する計画若しくは研究に関し収集した外国の政府又は国際機関からの情報であって、当該外国の政府又は国際機関において本法による保護措置に相当する措置が講じられている情報（当該情報を分析して得られた情報を含む。）

【第４号 第２号及び第３号に掲げる情報の収集整理又はその能力】

第２号及び第３号に掲げる情報の収集整理又はその能力に関する情報

2 非公知性

非公知性の判断は、現に不特定多数の者に知られていないか否かにより行うものとする。当該情報と同一性を有する情報が報道機関、外国の政府その他の者により公表されていると認定する場合には、たとえ我が国の政府により公表されていないとしても、本要件を満たさない。なお、非公知性の判断については、知る必要がある者、実際に知っている者、情報の管理状況等を勘案し、個別具体的に行うものとする。

3 秘匿の必要性

秘匿の必要性の判断は、当該情報の漏えいにより、

・ 安全保障のために我が国が実施する施策や取組等に関し、これらの計画、方針、措置その他の手の内やこれらのための我が国の能力などが露見し、対抗措置が講じられ、我が国に対する攻撃が容易となったり、外国の政府等との交渉が困難になったりすることとなる

・ 外国の政府その他の者との信頼関係や我が国の秘密保護に関する信用が損なわれ、今後の情報収集活動、当該外国の政府等との安全保障協力が滞る

など、我が国の安全保障に支障を与える事態が生じるおそれがあるか否かにより行うものとする。

第２節　指定に当たって遵守すべき事項

１　遵守すべき事項

重要経済安保情報を指定するに当たって、行政機関の長は、以下の点を遵守しなければならない。

(1)　要件該当性の判断は、厳格に行い、重要経済安保情報として保護すべき情報を漏れなく指定するとともに、当該情報以外の情報を指定する情報に含めないものとすること。

(2)　公益通報の通報対象事実その他の行政機関による法令違反の事実を指定し、又はその隠蔽を目的として、指定してはならないこと。

(3)　国民に対する説明責任を怠ることのないよう、指定する情報の範囲が明確になるよう努めること。

(4)　重要経済安保情報に当たる情報が出現する前であっても、秘匿の必要性に照らして内容が同一であると考えられる限り、現存しないが将来出現することが確実であり、かつ、完全に特定し得る情報も、重要経済安保情報の指定の対象となる情報である。これを前提に、重要経済安保情報に当たる情報が出現する前に、これを重要経済安保情報に指定する場合には、その必要性及び当該情報の出現可能性について、慎重に判断すること。

(5)　指定の効果は将来にわたってのみ有効であり、行政機関が法の施行以前に提供した情報に遡及して適用させてはならないこと。

２　留意事項

重要経済安保情報に指定される情報とは、行政機関が保有する情報であることが前提であるが、事業者等から提供された情報であっても、３つの要件に該当するものであれば、行政機関の長が重要経済安保情報に指定することは妨げられない。ただし、要件該当性の判断に当たっては、特に、非公知性と秘匿の必要性の該当性との関係において、事業者等から提供された情報を単に重要経済安保情報に指定するだけでは、当該情報を提供した事業者等には法の規定は及ばず、当該事業者等は適性評価を受けずとも引き続き当該情報を扱うことが可能で、漏えいに対して最大５年以下の法定刑が及ぶこともない、といったことを踏まえる必要がある。

第３節　指定の手続

１　重要経済安保情報管理者の指名

行政機関の長は、重要経済安保情報の保護に関する業務を管理する者として、行政機関の長以外の当該行政機関の職員のうちから、官房、局、部若しくは委員会の事務局若しくは事務総局の長、施設等機関の長、特別の機関の長、地方支分部局の長又はこれらに準ずる者を重要経済安保情報管理者に指名し、重要経済安保情報の保護に関する業務を管理するために必要な以下に掲げる措置を講じさせるものとする。

(1)　施行令第３条、第６条、第７条第１項第３号、第８条第２号及び第 10 条第１項第３号並びに５の規定による指定管理簿への記載又は記録

(2)　法第３条第２項第１号の規定による重要経済安保情報の表示

(3)　法第３条第２項第２号の規定による通知

(4)　６の規定による周知

(5)　法第３条第３項の規定による同条第２項第１号に掲げる措置

(6)　施行令第７条第１項第１号及び第２号の規定による措置並びに第３章第１節２の規定による周知等

(7)　施行令第８条第１号の規定による措置及び第３章第１節３の規定による周知

(8)　第３章第１節１(1)及び同章第２節１(1)の規定による書面又は電磁的記録への記載又は記録

(9)　施行令第 10 条第１項第１号及び第２号の規定による措置並びに第３章第２節２の規定による周知等

(10) 施行令第 11 条第２項の規定による措置

(11) 法第５条第２項及び第 10 条第２項の規定による通知

(12) (1)から(11)までに掲げるもののほか、重要経済安保情報の保護に関する業務を管理するために必要な措置

２　対象情報の認知

行政機関又は都道府県警察の職員は、重要経済安保情報に指定すべきと考えられる情報を知ったときには、直ちに当該情報が重要経済安保情報に指定されるよう関係職員に通報するなどの措置を講ずるものとする。

３　要件該当性の判断及び有効期間の設定

行政機関の長は、指定をしようとする際には、当該指定をしようとする情報の要件該当性を判断するとともに、法第４条第１項に基づく指定の有効期間を設定するものとする。

有効期間の設定に当たっては、外部からの脅威動向や技術動向を始めとする経済安全保障を巡る情勢変化の速さを勘案して、適切であると考えられる期間を定めるものとする。なお、現に行われている外国の政府等との交渉の方針など、指定の有効期間を年数により設定することが困難である場合は、当該指定の有効期間を５年とした上で、指定を解除する条件を明らかにしておくよう努めるものとする。

4　重要経済安保情報指定書の作成

行政機関の長は、指定をしようとする際には、当該指定をしようとする情報の保護に関する業務を管理する重要経済安保情報管理者に命じて、指定をしようとする情報に関する重要経済安保情報指定書（当該書面に記載すべき事項を記録した電磁的記録を含む。以下同じ。）を作成させるものとする。

重要経済安保情報指定書には、当該指定をしようとする情報が、第１節１(2)の事項の細目のいずれに該当するものであるかなど、指定の要件を満たしているか否かが判別できるように指定の理由を記載し、又は記録するとともに、国民の生命及び身体を保護する観点からの公表の必要性その他の一定の条件が生じた場合に指定を解除すべき情報である場合には、その条件を明らかにするものとする。

また、重要経済安保情報指定書には、他の情報と区別することができるように、当該指定に係る情報の記述（以下「対象情報の記述」という。）をできる限り具体的に記述し、又は記録するよう努めるものとする。その際、毎年度作成する計画や継続的に収集する情報など、異なる時期に複数回保有することが想定される場合には、例えば、「令和○○年度○○計画」、「令和○○年中の○○国との間の○○に関する交渉の内容」といった形で期間を区切るとともに、必要に応じて、「(○○を含む。)」、「(○○を除く。)」と記すこと等により、指定の有効期間も含めて指定の範囲が明確になるようにするものとする。ただし、当該対象情報の記述を含む重要経済安保情報指定書を、重要経済安保情報として取り扱うことを要しないようにしなければならない。

このほか、重要経済安保情報指定書には、各行政機関において付与する指定の整理番号及び当該重要経済安保情報の保護に関する業務を管理する重要経済安保情報管理者の官職を記載し、又は記録するものとする。

5　指定管理簿の作成及び記載又は記録

行政機関の長は、指定管理簿（施行令第３条に規定する指定管理簿をいう。以下同じ。）を作成し、保護規程（施行令第 11 条第１項に規定する規程をいう。以下同じ。）で定める者に管理させる。

重要経済安保情報管理者は、その所掌に係る重要経済安保情報の指定等がなされたときは、指定管理簿への記載又は記録に必要な事項を、指定管理簿を管理する者に報告し、当該指定管理簿を管理する者は、報告を受けた事項を指定管理簿に記載し、又は記録するものとする。

指定管理簿には、施行令第３条第１号から第５号までに掲げる事項のほか、個々の重要経済安保情報について、指定の整理番号及び当該指定に係る重要経済安保情報の保護に関する業務を管理する重要経済安保情報管理者の官職を記載し、又は記録するものとする。施行令第３条第３号に基づき、重要経済安保情報の概要を記載し、又は記録するに当たっては、第１節１(2)の事項の細目のいずれに該当するものであるかなど、指定の要件を満たしているか否かが判別できるようにするとともに、情報の秘匿に支障のない範囲内で、他の情報と区別することができるよう具体的に記述するよう努めるものとする。

ただし、指定管理簿を重要経済安保情報として取り扱うことを要しないようにしなければならない。

6　重要経済安保情報の表示又は通知及び指定の周知

重要経済安保情報管理者は、指定がされたときは、行政機関の長の命を受けて、法第３条第２項第１号又は第２号に規定する措置を講ずるほか、指定の有効期間が満了する年月日及び指定に係る重要経済安保情報の概要を、当該行政機関において当該指定に係る重要経済安保情報の取扱いの業務に従事する職員（当該指定について法第３条第２項第２号の通知を受けた者を除く。）に周知するものとする。

7　指定の通知を書面の交付に代えて電磁的記録の電子情報処理組織を使用する方法による提供で行う場合の必要な措置の実施

重要経済安保情報管理者は、行政機関の長の命を受けて、法第３条第２項第２号の規定による通知を電磁的記録の電子情報処理組織を使用する方法により提供する場合、当該通知の相手方が通知内容を確実に確認し、これに基づき適確な保護措置が講じられることを担保するため、電子メールの開封確認機能を利用し通知の相手方の電子メール開封を確認すること、通知の相手方に通知内容を確認した旨の折り返しの連絡を求めることその他の必要な措置を講ずるものとする。

また、重要経済安保情報管理者及び警察本部長（法第５条第３項に規定する警察本部長をいう。以下同じ。）は、法第３条第２項第２号の規定による通知以外の通知（施行令第７条第１項第２号、第８条第１号、第 10 条第１項第２号、第 11 条第３項、第 12 条第１項、第 13 条、第 14 条及び第 16 条第２項に規定する通知をいう。）を、書面の交付に代えて電磁的記録の電子情報処理組織を使用する方法により提供する場合にも、必要な措置を講ずるものとする。

さらに、契約（第５章第１節４の契約をいう。以下同じ。）に基づき適合事業者に重要経済安保情報を保有させ又は提供する行政機関の長は、当該適合事業者に対し、当該適合事業者が書面の交付に代えて電磁的記録の電子情報処理組織を使用する方法による提供で通知（施行令第 17 条に規定する通知をいう。）を行う場合には必要な措置を講ずるよう求めるものとする。

第４節　その他

１　指定した重要経済安保情報を適切に保護するための規程

行政機関の長は、重要経済安保情報を適切に保護するため、保護規程を定めるものとする。

保護規程には、施行令第 11 条第１項各号に掲げる措置のほか、以下に掲げる事項を定めるものとする。

・　重要経済安保情報の保護に関する業務の実施体制を構築すること。

・　法第 11 条第 1 項各号に規定する者も含めて重要経済安保情報の保護に関する教育を実施すること。
・　施行令第 11 条第 1 項第 10 号における緊急の事態に際して、廃棄をする場合には、あらかじめ行政機関の長の承認を得ること。ただし、その手段がない場合又はそのいとまがない場合には、廃棄後、速やかに行政機関の長に報告すること。
・　廃棄をした場合には、廃棄をした重要経済安保情報等の概要、同号の要件に該当すると認めた理由及び廃棄に用いた方法を記載し、又は記録した書面又は電磁的記録を作成し、行政機関の長に報告すること。
・　上記の報告を受けた行政機関の長は、当該廃棄をした旨を重要経済安保情報保護活用委員会（第 6 章第 1 節に規定する重要経済安保情報保護活用委員会をいう。以下同じ。）及び内閣府独立公文書管理監に報告すること。

行政機関の長は、保護規程を定めようとするときは、あらかじめ、その案を内閣総理大臣に通知するものとする。

2　指定に関する関係行政機関の協力

複数の行政機関が保有する文書、図画、電磁的記録又は物件に記録又は化体された情報を、そのうちの一つ又は複数の行政機関の長が重要経済安保情報として指定する場合には、関係行政機関が協議の上、それぞれの行政機関の長が重要経済安保情報に指定するなどにより、当該重要経済安保情報の保護を図るものとする。

第３章　重要経済安保情報の指定の有効期間の満了、延長、解除等

第１節　指定の有効期間の満了及び延長

１　指定の有効期間が満了する場合の措置

(1)　指定の理由の点検

行政機関の長は、指定の有効期間の延長要否を検討する際に、時の経過に伴って指定の必要性を巡る状況が変化していることも踏まえつつ、その指定に係る重要経済安保情報の取扱いの業務に従事する当該行政機関の職員に、その指定の理由を点検させることとする。その上で、指定の有効期間を延長するときには、書面又は電磁的記録により、その判断の理由を明らかにしておくものとする。

なお、例えば、以下の①から④までに掲げる事項に関する重要経済安保情報（外国の政府等から提供されたものを除く。）に関して、当該①から④までに掲げるときを経過した後、引き続き当該指定の有効期間を延長するときには、慎重に判断するものとする。

①　計画又は研究のうち、対象期間が定められているもの　当該対象期間が満了したとき

②　情報収集活動の方法又は能力　これらのものを活用しなくなったとき

③　重要経済基盤の用に供する施設、設備に関する情報　これらの施設や設備を使用しなくなったとき

④　外国の政府等との交渉が困難となるおそれのある情報　当該交渉が終了したとき

(2)　指定の一部延長

行政機関の長は、指定した重要経済安保情報について、当該指定の有効期間が満了する場合において、(1)の点検を行ったのち、その一部が指定の要件を満たさなくなるときは、当該一部については指定の有効期間を延長せず、残余部分についてのみ、指定の有効期間を延長するものとする。

２　指定の有効期間が満了した場合の措置

(1)　有効期間の満了の周知等

重要経済安保情報管理者は、指定の有効期間が満了したときは、行政機関の長の命を受けて、施行令第７条第１項の規定による措置を講ずるほか、当該指定の有効期間が満了した旨を当該行政機関において当該指定に係る情報の取扱いの業務に従事する職員（当該指定の有効期間の満了について施行令第７条第１項第２号の通知を受けた者を除く。）に周知するとともに、当該指定に係る情報の取扱いの業務に従事していた者が、その取り扱っていた重要経済安保情報の指定の有効期間が満了したか否かを、当該重要経済安保情報を指定した行政機関に確認することができるようにするものとする。

(2)　重要経済安保情報表示の抹消

施行令第７条第１項第１号の規定による重要経済安保情報表示の抹消は、重要経済

安保情報表示に、赤色の二重線を付すことその他これに準ずる方法によりするものとする。

(3)　指定有効期間満了表示

施行令第7条第1項第1号の規定による指定有効期間満了表示は、重要経済安保情報表示の傍らの見やすい箇所にするものとする。

3　指定の有効期間を延長した場合の措置

重要経済安保情報管理者は、指定の有効期間が延長されたときは、行政機関の長の命を受けて、施行令第8条の規定による措置を講ずるほか、当該指定の有効期間を延長した旨及び延長後の当該指定の有効期間が満了する年月日を当該行政機関において当該指定に係る重要経済安保情報の取扱いの業務に従事する職員（当該指定の有効期間の延長について施行令第8条第1号の通知を受けた者を除く。）に周知するものとする。

4　指定の有効期間を通じて30年を超えて延長する場合の措置

法第4条第4項の規定により、通じて30年を超えて指定の有効期間を延長することについて、内閣が承認するか否かの判断は、当該重要経済安保情報が同項各号に掲げる事項に関する情報であることを基本とし、特に慎重に行うものとする。

第2節　指定の解除

1　指定を解除する場合の措置

(1)　指定の理由の点検等

行政機関の長は、その指定に係る重要経済安保情報の取扱いの業務に従事する当該行政機関の職員に、当該指定の理由を年1回以上定期的に点検させるとともに、必要があると認めるときは、臨時に点検させ、各点検により、指定の要件を満たしていないと認めたときには、速やかに指定を解除するものとする。点検に当たっては、秘匿の必要性を巡る状況の変化や重要経済安保情報である情報と同一性を有する情報の公表状況等を確認させるなどし、指定の要件の充足性を判断するものとする。点検を実施した際は、その実施年月日を書面又は電磁的記録に記載し、又は記録させるものとする。

行政機関の長は、重要経済安保情報に当たる情報が出現する前に、あらかじめ重要経済安保情報に指定したにもかかわらず、指定した重要経済安保情報に当たる情報が現存せず、これが出現する可能性がないことが確定した場合には、有効期間内であっても、速やかに指定を解除するものとする。

(2)　指定の一部解除

行政機関の長は、指定した重要経済安保情報の一部について、指定の要件を欠くに至ったときは、元の指定を維持したまま、その一部を解除するものとする。

(3)　一定の条件が生じた場合の解除等

行政機関の長は、重要経済安保情報を指定する際に、指定を解除する条件を明らかにしていなくても、災害時の住民の避難等国民の生命及び身体を保護する観点からの公表の必要性その他の指定を解除すべきと認める一定の条件が生じた場合は、当該指定を解除するものとする。

また、重要経済安保情報である情報を重要経済安保情報の要件を満たさない情報に編集又は加工し、これを公表することが公益上必要と認めるときは、これを速やかに行うものとする。

2　指定を解除した場合の措置

(1)　解除の周知等

重要経済安保情報管理者は、指定が解除されたときには、行政機関の長の命を受けて、施行令第 10 条第 1 項の規定による措置を講ずるほか、当該指定を解除した旨及びその年月日を当該行政機関において当該指定に係る情報の取扱いの業務に従事する職員（当該指定の解除について施行令第 10 条第 1 項第 2 号の通知を受けた者を除く。）に周知するとともに、当該指定に係る情報の取扱いの業務に従事していた者が、その取り扱っていた重要経済安保情報の指定が解除されたか否かについて当該重要経済安保情報を指定した行政機関に確認することができるようにするものとする。

(2)　重要経済安保情報表示の抹消

施行令第 10 条第 1 項第 1 号の規定による重要経済安保情報表示の抹消は、重要経済安保情報表示に、赤色の二重線を付すことその他これに準ずる方法によりするものとする。

(3)　指定解除表示

施行令第 10 条第 1 項第 1 号の規定による指定解除表示は、重要経済安保情報表示の傍らの見やすい箇所にするものとする。

第 3 節　指定が解除され、又は指定の有効期間が満了した情報を記録する行政文書の保存期間が満了したものの取扱い

1　指定の有効期間が通じて 30 年を超える重要経済安保情報

行政機関の長は、指定の有効期間が通じて 30 年を超える重要経済安保情報であって、その指定を解除し、又は指定の有効期間が満了したものを記録する行政文書の保存期間が満了したときは、公文書管理法第 8 条第 1 項の規定にかかわらず、歴史公文書等として国立公文書館等に移管するものとする。

2　指定の有効期間を延長することについて内閣の承認が得られなかった重要経済安保情報

行政機関の長は、通じて 30 年を超えて指定の有効期間を延長することについて内閣の

承認が得られなかったときは、法第４条第６項の規定により、当該指定に係る情報を記録する行政文書の保存期間の満了とともに、これを国立公文書館等に移管するものとする。

3　その他の重要経済安保情報

行政機関の長は、重要経済安保情報であって、指定を解除し、又は指定の有効期間が満了したものを記録する行政文書（上記１及び２の行政文書を除く。）の保存期間が満了したときは、公文書管理法第８条に基づき、歴史公文書等については国立公文書館等に移管し、歴史公文書等に該当しないもの（例えば、正本・原本以外の写しの文書、断片情報を記録した文書）については内閣総理大臣の同意を得て廃棄するものとする。

その際、指定の有効期間が通じて25年を超える重要経済安保情報であって、その指定を解除し、又は指定の有効期間が満了したものを記録する行政文書の保存期間が満了したときは、当該行政文書に長期間にわたり重要経済安保情報に指定された情報が記録されていることを踏まえ、万が一にも歴史公文書等を廃棄することのないよう、当該行政文書が歴史資料として重要なものでないか否か特に慎重に判断するものとする。

第４章　適性評価

第１節　適性評価の実施に当たっての基本的な考え方

１　基本的人権の尊重等

適性評価に関わる者は、「すべて国民は、法の下に平等であつて、人種、信条、性別、社会的身分又は門地により、政治的、経済的又は社会的関係において、差別されない」と規定する憲法第 14 条を遵守するとともに、基本的人権を不当に侵害することのないようにしなければならない。

２　プライバシーの保護

適性評価は、評価対象者（法第 12 条第２項に規定する評価対象者をいう。以下同じ。）やその家族等のプライバシーに関わるものである。したがって、適性評価に関わる者は、そのプライバシーの保護に十分に配慮し、評価対象者の選定に当たっては、過不足なく必要な者に範囲を限って行うようにしなければならない。また、適合事業者の従業者（法第 10 条第３項に規定する従業者をいう。以下同じ。）は行政機関の職員と異なる立場にあること等を考慮し、適性評価の実施に当たっては、適性評価について分かりやすい説明を行い、その実施についてよく理解を得なければならない。

評価対象者等が記載し、又は記録した適性評価に関する文書等は、機微な個人情報を含むことから、これらの受渡しについては、適切な情報セキュリティ対策を講ずるものとする。特に、質問票に記入した個人情報などは、行政機関において適性評価の実施に関する事務に関与する職員のみが取り扱い、本人の上司その他の者の知るところとならないようにしなければならない。

３　調査事項以外の調査の禁止

適性評価調査（法第 12 条第２項に規定する適性評価調査をいう。以下同じ。）は、同項各号に掲げる事項以外の事項について行ってはならず、例えば、評価対象者の思想、信条及び信教並びに適法な政治活動、市民活動及び労働組合の活動について調査してはならない。また、仮に適性評価調査の過程で調査事項に関係しない情報を取得した場合には、これを記録してはならない。

４　適性評価の結果の目的外利用の禁止

適性評価は、重要経済安保情報の取扱いの業務を行った際にこれを漏らすおそれがないことについての評価であり、人事評価又は業務遂行その他の能力の実証を行うものではなく、人事評価や人事考課、解雇、懲戒処分、不利益な配置の変更等のために適性評価の結果を利用等してはならない。

第２節　適性評価の流れ

１　責任者及び担当者の指名等

(1)　適性評価実施責任者の指名

行政機関の長は、官房長、局長又はこれらに準ずる者を適性評価実施責任者に指名し、適性評価の実施に関する事務を統括させるものとする。

(2)　適性評価実施担当者の指名

適性評価実施責任者は、適性評価実施担当者を指名し、適性評価の実施に必要な事務を行わせるものとする。

(3)　適性評価調査実施責任者の指名

内閣総理大臣又は行政機関の長は、官房長、局長又はこれらに準ずる者を適性評価調査実施責任者に指名し、適性評価調査の実施に関する事務を統括させるものとする。

(4)　適性評価調査実施担当者の指名

適性評価調査実施責任者は、適性評価調査実施担当者を指名し、適性評価調査の実施に必要な事務を行わせるものとする。

(5)　関与の制限

内閣総理大臣及び行政機関の長並びに適性評価実施責任者、適性評価実施担当者、適性評価調査実施責任者及び適性評価調査実施担当者以外の者は、当該行政機関の長に指名された場合、又は法第 12 条第６項の規定による質問若しくは照会、法第 14 条第 1 項に定める苦情（以下単に「苦情」という。）若しくは第６節に定める相談に対応する場合を除き、適性評価に関する事務に関与することができない。

２　評価対象者の選定

(1)　名簿の作成及び提出

①　行政機関の職員に対する適性評価の場合

重要経済安保情報管理者は、重要経済安保情報の取扱いの業務を行うことが見込まれる行政機関の職員について、適性評価を実施するため、その者の氏名、生年月日、所属する部署、役職名その他の必要な事項を記載し、又は記録した名簿（当該書面に記載すべき事項を記録した電磁的記録を含む。以下同じ。）を作成し、これを適性評価実施責任者に提出するものとする。

重要経済安保情報管理者は、適性評価実施責任者に提出した名簿に記載し、又は記録した事項に変更があるときは、速やかにこれを適性評価実施責任者に通知するものとする。

②　適合事業者の従業者に対する適性評価の場合

重要経済安保情報管理者は、適合事業者との契約に基づき、その従業者として重要経済安保情報の取扱いの業務を行わせようとする者について、その者の氏名、生年月日、所属する部署、役職名その他の必要な情報を、当該適合事業者から提出させるものとする。

適合事業者は、当該契約に基づき、従業者の氏名その他の必要な情報を重要経済安保情報管理者に提供するに当たっては、当該従業者の同意を得る。

なお、当該従業者が派遣労働者である場合には、適合事業者は、その旨を、当該派遣労働者を雇用する事業主に対して通知する。

重要経済安保情報管理者は、適合事業者から提出された情報に基づき、重要経済安保情報の取扱いの業務を行うことが見込まれる適合事業者の従業者について、適性評価を実施するため、氏名、生年月日、所属する部署、役職名その他の必要な事項を記載し、又は記録した名簿を作成し、これを適性評価実施責任者に提出するものとする。

その際、当該適合事業者から情報が提出された従業者のうち名簿に記載又は記録をしない者があるときは、重要経済安保情報管理者は、その旨を適合事業者に通知するとともに、当該通知の内容を、当該従業者に通知するよう当該適合事業者に求めるものとする。当該従業者が派遣労働者であるときは、重要経済安保情報管理者は、当該通知の内容を、当該従業者を雇用する事業主に通知するよう当該適合事業者に求めるものとする。

適合事業者は、提出した情報に変更があるときは、当該契約に基づき、速やかにこれを重要経済安保情報管理者に通知するものとする。

重要経済安保情報管理者は、適性評価実施責任者に提出した名簿に記載し、又は記録した事項に変更があるときは、速やかにこれを適性評価実施責任者に通知するものとする。

(2)　行政機関の長の承認

適性評価実施責任者は、重要経済安保情報管理者から提出された名簿に記載され、又は記録された者について、法第12条第1項各号のいずれかに該当することを確認した上で、適性評価を実施することについて行政機関の長の承認を得るものとする。

適性評価実施責任者は、行政機関の長から承認を得た者に関する事項を、名簿を提出した重要経済安保情報管理者に通知するものとする。

当該通知が適合事業者の従業者に係るものであるときは、重要経済安保情報管理者は、適合事業者に対し、当該通知の内容を通知するとともに、当該通知に係る従業者が派遣労働者であるときは、当該通知の内容を、当該従業者を雇用する事業主に通知するよう当該適合事業者に求めるものとする。

(3)　留意事項

重要経済安保情報管理者は、以下の事項に留意し、適合事業者の業務の実態その他の事情も踏まえ、適切に名簿を作成するものとする。

・　法第12条に定める「見込まれる」とは、直ちに取扱いの業務を行うべき個別具体の必要性が生じている状況のほか、重要経済安保情報の取扱いの業務を行う具体的な蓋然性が認められる状況も含むこと。

・　一方で、適性評価は評価対象者等のプライバシーに関わるものであることから、「見込まれる」者の範囲は必要な者に限ること。

また、重要経済安保情報の取扱いの業務を行わないこととなった後に再び重要経済安保情報の取扱いの業務を行うことが見込まれることとなった者について、法第12条第１項第１号イに規定する「当該おそれ」（引き続き重要経済安保情報の取扱いの業務を行った場合にそれを漏らすおそれ）の有無の判断に当たっては、重要経済安保情報の取扱いの業務を行わないこととなってから再び重要経済安保情報の取扱いの業務を行った場合にそれを漏らすおそれがないことを判断するまでの期間における第３節１(1)に掲げる事項や職歴・学歴について確認を行うなど、適切な判断に配意するものとする。

なお、重要経済安保情報管理者は、適性評価実施責任者に提出した名簿に記載し、又は記録した者が法第12条第３項の同意の前に重要経済安保情報の取扱いの業務を行うことが見込まれなくなったと認めるときは、速やかにその旨を適性評価実施責任者に通知するものとする。

当該通知が適合事業者の従業者に係るものである場合には、重要経済安保情報管理者は、その旨を当該適合事業者に通知するとともに、当該通知の内容を、当該従業者に通知するよう当該適合事業者に求めるものとする。当該従業者が派遣労働者であるときは、重要経済安保情報管理者は、当該通知の内容を、当該従業者を雇用する事業主に通知するよう当該適合事業者に求めるものとする。

３　適性評価の実施についての告知及び同意等

(1)　評価対象者に対する告知（法第12条第３項の告知）

適性評価実施担当者は、適性評価を実施することについて行政機関の長から承認が得られた評価対象者に対して、別添１の「適性評価の実施に当たってのお知らせ（告知書）」を交付（当該書面の作成に代えて電磁的記録が作成されている場合にあっては、当該電磁的記録の電子情報処理組織を使用する方法による提供。以下同じ。）することにより告知し、その同意を得るものとする。

ただし、法第12条第７項に基づき適性評価調査を実施しない場合は、当該告知をすることを要しない。

(2)　評価対象者による同意等

①　同意書の提出

評価対象者は、適性評価を実施することについての同意をするときは、適性評価実施担当者に対し、必要事項を記載し、又は記録した別添２－１の「適性評価の実施についての同意書」（当該書面に記載すべき事項を記録した電磁的記録を含む。以下「実施同意書」という。）及び別添２－２の「公務所又は公私の団体への照会等についての同意書」（当該書面に記載すべき事項を記録した電磁的記録を含む。以下「照会等同意書」という。）を提出するものとする。

ただし、法第12条第７項の適用を受けた適性評価を実施することについての同意をするときは、評価対象者は、適性評価実施担当者に対し、実施同意書の代わりに、必要事項を記載し、又は記録した別添２－３の「適性評価の実施についての同意書（第 12 条第７項）」（当該書面に記載すべき事項を記録した電磁的記録を含む。以下「実施同意書（第 12 条第７項）」という。）を提出するものとする。

② 不同意書の提出等

評価対象者は、適性評価の実施に同意しないときは、必要事項を記載し、又は記録した別添３－１の「適性評価の実施についての不同意書」（当該書面に記載すべき事項を記録した電磁的記録を含む。以下同じ。以下これらを「不同意書」という。）を提出するなど、適性評価実施担当者に対してその旨を申し出るものとする。

ただし、法第 12 条第７項の適用を受けた適性評価の実施に同意しないときには、評価対象者は、必要事項を記載し、又は記録した別添３－２の「適性評価の実施についての不同意書（第 12 条第７項）」（当該書面に記載すべき事項を記録した電磁的記録を含む。以下「不同意書（第 12 条第７項）」という。）を提出するなど、適性評価実施担当者に対してその旨を申し出るものとする。

③ 同意の取下書の提出

評価対象者は、同意書の提出（実施同意書又は実施同意書（第 12 条第７項）を提出することをいう。以下同じ。）から適性評価の結果が通知されるまでの間、必要事項を記載し、又は記録した別添４－１の「適性評価の実施についての同意の取下書」（当該書面に記載すべき事項を記録した電磁的記録を含む。以下「同意取下書」という。）を適性評価実施担当者又は適性評価調査実施担当者に提出することにより、その同意を取り下げることができるものとする。

ただし、評価対象者は、法第 12 条第７項の適用を受けた適性評価の実施について同意を取り下げるときは、必要事項を記載し、又は記録した別添４－２の「適性評価の実施についての同意の取下書（第 12 条第７項）」（当該書面に記載すべき事項を記録した電磁的記録を含む。以下「同意取下書（第 12 条第７項）」という。）を適性評価実施担当者又は適性評価調査実施担当者に提出することにより、その同意を取り下げることができるものとする。

④ 不同意の申出又は同意の取下書の提出があった後の対応

行政機関の長は、不同意の申出（不同意書又は不同意書（第 12 条第７項）を提出するなど不同意の申出をすることをいう。以下同じ。）があった場合には、適性評価を実施しない。

行政機関の長は、同意の取下書の提出（同意取下書又は同意取下書（第 12 条第７項）を提出することをいう。以下同じ。）があった場合には、直ちに当該評価対象者に係る適性評価の手続を中止する。

適性評価実施担当者は、同意の取下書の提出により適性評価が中止された場合には、評価対象者に対し、その旨を別添９－１の「適性評価結果等通知書（本人用）」の交付（当該書面の作成に代えて電磁的記録が作成されている場合にあっては、当該電磁的記録の電子情報処理組織を使用する方法による提供。以下「本人用の結果等通知書の交付」という。）により通知するものとする。

また、適性評価実施責任者は、評価対象者から不同意の申出又は同意の取下書の提出があった場合には、その旨を重要経済安保情報管理者に対して通知するとともに、４に規定する内閣総理大臣に対する適性評価調査を行う求めをしていた場合には、その旨を内閣府の適性評価調査実施責任者に対して通知するものとする。

当該通知が適合事業者の従業者に係るものである場合には、重要経済安保情報管理者は、当該適合事業者に対し、その旨を別添９－２の「適性評価結果等通知書（適合事業者用）」の交付（当該書面の作成に代えて電磁的記録が作成されている場合にあっては、当該電磁的記録の電子情報処理組織を使用する方法による提供。以下「適合事業者用の結果等通知書の交付」という。）により通知するとともに、当該通知に係る従業者が派遣労働者であるときは、当該通知の内容を、当該従業者を雇用する事業主に通知するよう当該適合事業者に求めるものとする。

⑤　重要経済安保情報の取扱いの業務を行った場合にこれを漏らすおそれがないと認められなかった理由の通知を希望しない旨の申出

評価対象者は、適性評価によって重要経済安保情報の取扱いの業務を行った場合にこれを漏らすおそれがないと認められなかった場合においてその理由の通知を希望しないときは、実施同意書又は実施同意書（第 12 条第７項）において、その旨を申し出ることができるものとする。なお、当該希望は、氏名、生年月日、所属する部署、役職名及び連絡先並びに変更を希望する旨を記載し、又は記録した書面等を適性評価実施担当者に提出することにより変更することができる。

⑥　同意書等が異なる宛先に提出された際の対応

実施同意書、照会等同意書、実施同意書（第 12 条第７項）、不同意書、不同意書（第 12 条第７項）、同意の取下書又は同意の取下書（第 12 条第７項）が本来の宛先と異なる行政機関の長に提出された場合には、評価対象者及び本来提出されるべき他の行政機関に確認を取った上で、当該他の行政機関の長に転送することが望ましい。

(3)　留意事項

行政機関の長は、実施同意書又は実施同意書（第 12 条第７項）の提出があった評価対象者が重要経済安保情報の取扱いの業務を行うことが見込まれなくなったと認めるときは、直ちに適性評価の手続を中止する。

そのため、重要経済安保情報管理者は、評価対象者が重要経済安保情報の取扱いの業務を行うことが見込まれなくなったと認めるときは、その旨を適性評価実施責任者に通知し、当該通知を受けた適性評価実施責任者は、その旨を行政機関の長に報告するものとする。

このとき、当該適性評価実施責任者は、適性評価実施担当者をして、評価対象者に対し、その旨を本人用の結果等通知書の交付により通知するものとする。また、4に規定する内閣総理大臣に対する適性評価調査を行う求めをしていた場合には、当該適性評価実施責任者は、当該通知の内容を、内閣府の適性評価調査実施責任者に対して通知するものとする。

当該通知が適合事業者の従業者に係るものである場合には、重要経済安保情報管理者は、当該適合事業者に対し、その旨を適合事業者用の結果等通知書の交付により通知するとともに、当該通知に係る従業者が派遣労働者であるときは、当該通知の内容を、当該従業者を雇用する事業主に対して通知するよう当該適合事業者に求めるものとする。

4　内閣総理大臣に対する適性評価調査の請求等

適性評価実施責任者は、評価対象者から実施同意書の提出があった場合には、行政機関の長が自ら適性評価調査を行う場合を除き、内閣府の適性評価調査実施責任者に対し、当該評価対象者の連絡先や実施同意書及び照会等同意書の写し等の必要な資料を添えて、適性評価調査を行うことを求めるものとする。

ただし、実施同意書（第12条第7項）を提出した評価対象者が、直近他機関適性評価（法第 12 条第7項に規定する直近他機関適性評価をいう。以下同じ。）において重要経済安保情報の取扱いの業務を行った場合にこれを漏らすおそれがないと認められた者である場合には、適性評価実施責任者は、内閣府の適性評価調査実施責任者に対し、当該直近他機関適性評価において行われた適性評価調査の結果を通知するよう求めるものとする。この場合において、内閣府の適性評価調査実施責任者は、当該求めに応じ、当該適性評価調査の結果及び調査意見（法第12条第5項に規定する調査意見をいう。以下同じ。）を当該適性評価実施責任者に通知するものとする。

5　適性評価調査の実施

(1)　評価対象者による質問票の記載と提出

適性評価調査実施担当者は、評価対象者に対し、別添5の「質問票（適性評価)」（当該書面に記載すべき事項を記録した電磁的記録を含む。以下「質問票」という。）に必要事項を記載し、又は記録して提出することを求めるものとする。

その際、適性評価調査実施担当者は、評価対象者に対し、質問票が具体的に、漏れなく正確に記載し、又は記録されるよう求めるとともに、適性評価の結果が通知されるまでの間に質問票に記載し、又は記録した事項に変更が生じたときには速やかに申し出るよう求めるものとする。また、適性評価調査実施担当者は、評価対象者が記入した質問票の内容を、上司その他の本来知る必要のない者の知るところとならないようにしなければならない。

なお、適性評価調査実施担当者は、質問票の提出を求めるに当たり、適性評価調査のため必要な範囲内において、本人確認書類、旅券の写し等資料の提出を求めることができる。

(2)　上司等に対する調査等

適性評価調査実施担当者は、評価対象者の上司、人事担当課の職員等の中から評価対象者の職務の遂行状況等についてよく知ると認める者（以下「上司等」という。）を選定し、当該上司等に対し、別添６の「調査票（適性評価）」（当該書面に記載すべき事項を記録した電磁的記録を含む。以下「調査票」という。）に必要事項を記載し、又は記録して提出することを求めるものとする。この場合において、適性評価調査実施担当者は、当該上司等に対し、評価対象者への質問とは別に当該調査が行われる趣旨を説明するとともに、調査票に記載し、又は記録すべき内容について評価対象者に確認することのないよう適切な措置を講じなければならない。

(3)　関係者に対する質問等

適性評価調査実施担当者は、質問票や調査票に記載され、又は記録された事項について疑問点が生じ、これを確認するなどの必要があるときは、評価対象者の上司、同僚その他の知人（以下「関係者」という。）に対し、評価対象者に関する質問を行うことができる。この場合において、適性評価調査実施担当者は、当該関係者に対し、適性評価の趣旨及び当該関係者から聴取したことにより得られた情報は評価対象者に示される可能性がある旨を説明しなければならない。また、当該関係者への質問が評価対象者の適性評価のために行われるものである旨を説明し、当該関係者についての調査であるとの誤解を与えることのないようにしなければならない。

(4)　人事管理情報等による確認

適性評価調査実施担当者は、質問票に記載され、又は記録された事項等について疑問点が生じ、これを確認するなどの必要があるときは、当該行政機関内の部署、適合事業者、過去に評価対象者を雇用していた事業者等に対し、評価対象者に関する情報（以下「人事管理情報等」という。）の報告を求めることができる。

(5)　評価対象者に対する面接等

適性評価調査実施担当者は、質問票に記載され、又は記録された事項等について疑問点が生じ、これを確認するなどの必要があるときは、評価対象者本人に対する面接を実施する。この場合において、評価対象者本人であることを確認するため必要があるときは、身分証明書の提示を求めることができる。

また、評価対象者に質問した事項を確認するなどの必要があるときは、適性評価調査実施担当者は、評価対象者に資料の提出を求めることができる。

(6)　公務所又は公私の団体に対する照会

適性評価調査実施担当者は、評価対象者について保有し、又は調査により収集した情報のみによっては質問票に記載され、又は記録された事項等について疑問点が解消されず、これを確認するなどの必要があるときは、公務所又は公私の団体に照会して必要な報告を求めるものとする。特に、行政機関以外への照会については、調査のための補完的な措置として、必要最小限となるようにしなければならない。

照会に当たっては、照会先に対して、別添７の「適性評価のための照会書」を交付（当該書面の作成に代えて電磁的記録が作成されている場合にあっては、当該電磁的記録の電子情報処理組織を使用する方法による提供。以下同じ。）することにより行うものとする。ただし、照会先において照会書の交付を要しないとした場合は、この限りでない。

照会先の求めがあったときは、評価対象者が提出した照会等同意書の写しを提示し、又は交付するものとする。

(7)　内閣総理大臣による適性評価調査の結果の通知

内閣府の適性評価調査実施責任者は、４に規定する適性評価実施責任者による求めに基づき、適性評価調査を行ったときは、当該適性評価実施責任者に対し、当該適性評価調査の結果及び調査意見を通知するものとする。

(8)　留意事項

適性評価調査は、質問票及び調査票に記載され、又は記録された事項について、必要に応じ、人事管理情報等と照合するとともに、評価対象者に面接を実施するなどして、疑問点、矛盾点その他の事実を明らかにすべき事項がないかどうか確認することを基本とし、これにより疑問点が解消されない場合等に、公務所等への照会を行うものとする。ただし、調査を適切に実施するため必要があるときは、これらの手続の順序を入れ替えて実施することを妨げない。

適性評価調査実施担当者は、適性評価調査に従事する者であることを明らかにするため、別添８の「適性評価調査実施担当者証」を携帯し、評価対象者、評価対象者の関係者、照会先の担当者等に対し、これを提示するものとする。

６　評価

(1)　評価の基本的な考え方

行政機関の長は、適性評価調査の結果及び内閣総理大臣の調査意見を基に、評価対象者が重要経済安保情報の取扱いの業務を行った場合にこれを漏らすおそれがないかどうかについて、評価対象者の個別具体的な事情を十分に考慮して、総合的に判断するものとする。

行政機関の長は、適性評価調査を尽くしてもなお、評価対象者が重要経済安保情報を漏らすおそれがないと認めることについて疑念が残る場合には、重要経済安保情報の漏えいを防止し、もって我が国及び国民の安全を確保する法の目的に鑑み、重要経済安保情報を漏らすおそれがないと認められないと判断するものとする。

(2)　評価の視点等

重要経済安保情報を取り扱う者がこれを漏えいするおそれは、次の３つの類型に大分されると考えられる。

・　自発的に重要経済安保情報を漏えいするおそれ
・　働き掛けを受けた場合に影響を排除できずに重要経済安保情報を漏えいするおそれ
・　過失により重要経済安保情報を漏えいするおそれ

したがって、行政機関の長は、それぞれの類型を意識し、以下の視点から、評価するものとする。

①　情報を適正に管理することができるか
②　規範を遵守して行動することができるか
③　職務に対し、誠実に取り組むことができるか
④　情報を自ら漏らすような活動に関わることがないか
⑤　自己を律して行動することができるか
⑥　情報を漏らすよう働き掛けを受けた場合に、これに応じるおそれが高い状態にないか
⑦　職務の遂行に必要な注意力を有しているか

(3)　評価の際に考慮する要素

行政機関の長は、評価を実施するに当たり、調査により判明した事実について、以下の要素を考慮するものとする。

①　法第12条第2項各号に掲げる事項についての評価対象者の行動又は状態（以下「対象行動等」という。）の性質、程度及び重大性
②　対象行動等の背景及び理由
③　対象行動等の頻度及び時期
④　対象行動等があったときの評価対象者の年齢
⑤　対象行動等に対する自発的な関与の程度
⑥　対象行動等がなくなり、又は再び生ずる可能性

7　適性評価の結果等の通知

(1)　評価対象者への結果及び理由の通知

①　評価対象者が重要経済安保情報を漏らすおそれがないと認められると評価された場合

行政機関の長が評価対象者について重要経済安保情報を漏らすおそれがないと認められると評価したときは、適性評価実施担当者は、当該評価対象者に対し、その結果を本人用の結果等通知書の交付により通知するものとする。

適性評価実施担当者は、評価対象者に結果を通知する際には、評価対象者が重要経済安保情報の取扱いの業務を行うに当たり、重要経済安保情報の保護のための法令及び関係規程を遵守し、重要経済安保情報の保護に努め、これを漏らさないことを誓約することを明らかにするとともに、以下の事項等について確認することを明らかにするため、評価対象者に対し、必要事項を記載し、又は記録した別添10の「重要経済安保情報の保護に関する誓約書」（当該書面に記載すべき事項を記録した電磁的記録

を含む。以下「誓約書」という。）の提出を求めるものとする。

・　事情の変更が生じた場合に速やかに重要経済安保情報管理者に申し出ること。特に他の行政機関の長が今後実施する適性評価に法第12条第7項の規定が適用される場合において、重要経済安保情報を取り扱う業務を行わなくなった期間が生じた場合には当該期間における第3節1(1)に掲げる事項や職歴・学歴について申し出ること。
・　評価対象者が適合事業者の従業者である場合には、適合事業者が当該評価対象者について事情の変更があると認めるときにこれを重要経済安保情報管理者に報告すること。

②　評価対象者が重要経済安保情報を漏らすおそれがないと認められないと評価された場合

行政機関の長が評価対象者について重要経済安保情報を漏らすおそれがないと認められないと評価したときは、適性評価実施担当者は、当該評価対象者に対し、本人用の結果等通知書の交付により、その結果及び当該おそれがないと認められなかった理由を通知するものとする。ただし、3(2)⑤により、当該評価対象者が理由の通知を希望していないときは、理由を通知しないものとする。

理由を通知する際は、その理由が本人の申告に基づく事実によるものであるときには当該事実を示すなど、具体的に説明するものとする。その際、評価対象者以外の者の個人情報の保護を図るとともに、理由の通知によって、適性評価調査の着眼点、情報源、手法等が明らかとなり、適性評価の円滑な実施の確保を妨げることとならないようにしなければならない。

(2)　重要経済安保情報管理者等への結果の通知

適性評価実施責任者は、行政機関の長が適性評価を実施したときは、重要経済安保情報管理者に対し、その結果を通知するものとする。

当該通知が適合事業者の従業者に係るものであるときは、重要経済安保情報管理者は、当該適合事業者に対し、適合事業者用の結果等通知書の交付によりその結果を通知するとともに、当該通知に係る従業者が派遣労働者であるときは、当該通知の内容を、当該従業者を雇用する事業主に通知するよう当該適合事業者に求めるものとする。

(3)　内閣総理大臣への結果の通知

適性評価実施責任者は、行政機関の長が適性評価を実施したときは、内閣府の適性評価調査実施責任者に対し、当該適性評価の結果を通知するものとする。

(4)　適性評価の進捗状況の問合せ

適性評価実施担当者は、評価対象者や適合事業者から、適性評価の進捗状況の問合せを受けた場合には、その進捗状況を確認した上で、評価対象者に状況を伝達する。ただし、適性評価の状況を伝達するに当たり、評価対象者以外の者の個人情報の保護を図るとともに、状況の伝達によって、適性評価調査の着眼点、情報源、手法等が明らかとなり、適性評価の円滑な実施の確保を妨げることとならないようにしなければならない。

(5) 留意事項

内閣総理大臣及び行政機関の長は、重要経済安保情報の取扱いの業務を行わせる目的に鑑み、個別具体的な事情を踏まえ、適当な時期に適性評価の結果を通知できるよう必要な調査体制を構築するなど、適切な体制を整備するよう努めるものとし、適性評価の結果を通知するまでの間において、いたずらに時間を要することのないようにしなければならない。

第3節　適性評価実施後の措置

1　行政機関の職員の場合

(1) 上司等による報告

重要経済安保情報の取扱いの業務を行う行政機関の職員の上司等は、当該職員について以下の事情があると認めた場合には、速やかにこれを当該職員が取扱いの業務を行っている重要経済安保情報に係る重要経済安保情報管理者に報告するものとする。

① 外国籍の者と結婚した場合その他外国との関係に大きな変化があったこと
② 罪を犯して検挙されたこと
③ 懲戒処分の対象となる行為をしたこと
④ 情報の取扱いに関する規則に違反したこと
⑤ 違法な薬物の所持、使用など薬物の違法又は不適切な取扱いを行ったこと
⑥ 自己の行為の是非を判別し、若しくはその判別に従って行動する能力を失わせ、又は著しく低下させる症状を呈していると疑われる状況に陥ったこと
⑦ 飲酒により、けんかなどの対人トラブルを引き起こしたり、業務上の支障を生じさせたりしたこと
⑧ 裁判所から給与の差押命令が送達されるなど経済的な問題を抱えていると疑われる状況に陥ったこと
⑨ 重要経済安保情報を漏らすおそれがないと認めることについて疑義が生じたこと

(2) 報告等に対する措置

重要経済安保情報管理者は、(1)による報告又は誓約書に基づき職員から(1)に掲げる事情がある旨の申出等に基づき、重要経済安保情報の取扱いの業務を行ったときにこれを漏らすおそれがないと認められた職員に法第12条第1項第3号に規定する「引き続き重要経済安保情報を漏らすおそれがないと認めることについて疑いを生じさせる事情」があると認めるときは、当該職員が重要経済安保情報の取扱いの業務を行うことのないよう必要な措置を講じなければならない。この場合において、当該職員に重要経済安保情報の取扱いの業務を行わせる必要があるときは、改めて当該職員についての適性評価を実施しなければならない。

一方、当該報告又は申出に係る事情が、法第 12 条第 1 項第 3 号に規定する事情に該当しないと認めるときは、重要経済安保情報管理者は、その旨を当該報告又は申出をした者に通知するものとする。

2　適合事業者の従業者の場合

(1)　契約の締結

行政機関の長は、以下に掲げる事項について、契約で定めるものとする。

①　契約に基づき重要経済安保情報を保有し又は提供される適合事業者は、当該契約により重要経済安保情報の取扱いの業務を行う従業者について 1 (1)の事情があると認めた場合には、速やかにこれを契約先の行政機関における当該重要経済安保情報に係る重要経済安保情報管理者に報告すること。

②　従業者が派遣労働者である場合、適合事業者は、当該従業者について 1 (1)の事情があると認められたときに当該従業者を雇用する事業主から当該適合事業者に報告が行われるよう必要な措置を講ずること。

③　(2)の通知を受けた場合に、適合事業者は、当該通知に係る従業者が重要経済安保情報の取扱いの業務を行うことのないよう必要な措置を講ずること。

④　(2)の通知を受けた場合であって、当該通知に係る従業者が派遣労働者であるときは、当該通知の内容を当該派遣労働者を雇用する事業主に通知すること。

(2)　報告等に対する措置

重要経済安保情報管理者は、(1)による報告又は誓約書に基づき適合事業者の従業者から 1 (1)に掲げる事情がある旨の申出等に基づき、重要経済安保情報の取扱いの業務を行ったときにこれを漏らすおそれがないと認められた適合事業者の従業者に、法第 12 条第 1 項第 3 号に規定する事情があると認めるときは、その旨を適合事業者に通知するとともに、当該通知に係る従業者が派遣労働者であるときは、当該通知の内容を、当該従業者を雇用する事業主に通知するよう当該適合事業者に求めるものとする。

一方、当該報告又は申出に係る事情が、法第 12 条第 1 項第 3 号に規定する事情に該当しないと認めるときは、重要経済安保情報管理者は、その旨を当該報告又は申出をした者に通知するものとする。

第 4 節　適性評価に関する個人情報等の管理

1　行政機関における個人情報等の管理

(1)　個人情報等の管理

適性評価に関する文書等に含まれる個人情報の管理については、個人情報の保護に関する法律（平成 15 年法律第 57 号）第 66 条の規定に基づき、保有個人情報（同法第 60 条第 1 項に規定する保有個人情報をいう。）の安全管理のために必要かつ適切な措置を講じなければならない。

また、個人情報を保護するための情報セキュリティ対策については、サイバーセキュリティ戦略本部等が定める「政府機関等のサイバーセキュリティ対策のための統一基準群」に基づき、適切に行う。

(2)　文書等の管理

①　文書等の整理

適性評価実施責任者、適性評価調査実施責任者、重要経済安保情報管理者及び苦情処理責任者（第５節に規定する苦情処理責任者をいう。以下同じ。）は、適性評価の実施に関して作成又は取得した文書等を整理し、公文書管理法等の文書管理に関する法令及び規程に基づき、適切な保存期間及び保存期間の満了する日を設定する。

適性評価の実施に関して作成又は取得した文書等は、人事評価に関する文書等とは別に管理するものとする。

②　文書等の保存

ア　適性評価実施責任者及び適性評価調査実施責任者

適性評価実施責任者及び適性評価調査実施責任者は、各担当者に、適性評価の実施に関して作成又は取得した文書等について、評価対象者に対して法第 13 条第１項の規定による適性評価の結果を通知した日又は評価対象者に対して適性評価の手続を中止する旨通知した日のいずれかに属する年度の翌年度の４月１日から起算して 10 年が経過するまでの期間保存するなど適切な保存期間を設定させるものとする。

ただし、法第 12 条第７項の規定が適用される適性評価の実施に関して作成又は取得した文書等は、当該適性評価に係る直近他機関適性評価の実施に関して作成又は取得した文書等の保存期間の満了日までの期間若しくは当該適性評価の結果を通知した日又は評価対象者に対して適性評価の手続を中止する旨通知した日のいずれかに属する年度の翌年度の４月１日から起算して１年間のいずれか長い期間保存するものとする。

上記にかかわらず、評価対象者から適性評価の実施についての不同意の申出又は同意の取下書の提出があった場合の適性評価の実施に関して作成又は取得した文書等については、当該書面が提出された日の属する年度の翌年度の４月１日から起算して３年が経過するまでの期間保存するものとする。

イ　重要経済安保情報管理者

重要経済安保情報管理者が取得した適性評価の結果等に係る文書等の保存期間は、当該文書等を取得した日から１年未満とする。ただし、重要経済安保情報の取扱いの業務を行った場合にこれを漏らすおそれがないと認められた旨の通知に係る文書等の保存期間については、当該文書等を取得した日の属する年度の翌年度の４月１日から起算して 10 年間とする。

ウ　苦情処理責任者

苦情処理責任者は、苦情を申し出た者（以下「苦情申出者」という。）に苦情についての処理の結果を通知した日の属する年度の翌年度の４月１日から起算して

３年が経過するまでの期間、苦情の処理に当たって作成又は取得した文書等を保存するものとする。

③　文書等の廃棄等

保存期間を経過した適性評価に関する文書等は、関係法令及び規程に従い、廃棄等するものとする。

２　適合事業者等における個人情報等の管理

行政機関の長は、適合事業者及び適合事業者の指揮命令の下に労働する派遣労働者を雇用する事業主が、行政機関の長又は適合事業者から通知された、評価対象者が適性評価の実施に同意をしなかった事実、同意を取り下げた事実及び評価対象者についての適性評価の結果に係る文書等について、これが適切に管理されるよう、１(1)及び１(2)②イに準じて必要な措置を講ずることについて、契約で定めるものとする。

３　適性評価に関する個人情報の利用及び提供の制限

内閣総理大臣及び行政機関の長並びに適合事業者及び適合事業者の指揮命令の下に労働する派遣労働者を雇用する事業主は、次に掲げる場合を除き、評価対象者が適性評価の実施に同意をしなかった事実、適性評価の結果その他適性評価の実施に当たって取得する個人情報を重要経済安保情報の保護以外の目的のために利用し、又は提供してはならない。

・　国家公務員法（昭和22年法律第120号）第100条第４項、刑事訴訟法（昭和23年法律第131号）第197条第２項などの法令に基づく場合

・　法第16条第１項ただし書に該当する場合

適性評価の実施に当たって取得する個人情報を重要経済安保情報の保護以外の目的のために利用し、又は提供するとは、例えば、適性評価の結果を考慮して、解雇、減給、降格、懲戒処分、自宅待機命令、不利益な配置の変更、労働契約内容の変更の強要、昇進若しくは昇格の人事考課において不利益な評価を行うこと、又は専ら雑務に従事させるなど就業環境を害することなどが考えられる。

他方、例えば次のような事例は、重要経済安保情報の保護以外の目的のために利用し、又は提供する場合に該当しないこともあると考えられるため、個別具体的に判断する必要がある。

・　外国の政府と共同で実施するプロジェクト等において、重要経済安保情報の取扱いが想定されるためその対象者を相互に確認する観点から、行政機関が、外国の政府に、適性評価において重要経済安保情報の取扱いの業務を行った場合にこれを漏らすおそれがないと認められた者の氏名を伝達すること。

また、行政機関の長は、適合事業者における目的外利用の禁止が遵守されるよう、契約において、個別具体的な事情を考慮し、担保措置等を適切に定めるよう努めるものとする。

なお、名簿への掲載に同意しなかった事実や、適性評価の結果が通知されていない事実等について、重要経済安保情報の保護以外の目的のために利用することは、法第16条第1項及び第2項の趣旨に鑑みれば、同様に行われるべきではない。

第5節　苦情の申出とその処理

1　責任者及び担当者の指名等

内閣総理大臣及び行政機関の長は、苦情の申出を受け、これを誠実に処理するため、苦情受理窓口を設けるとともに、官房長、局長又はこれらに準ずる者を苦情処理責任者に指名するものとする。

苦情の申出があったときは、苦情処理責任者は速やかに当該苦情の概要を行政機関の長に報告するとともに、苦情処理担当者を指名する。この場合において、苦情処理責任者は、苦情申出者に係る適性評価調査に直接従事した職員を苦情処理担当者に指名してはならない。

苦情処理責任者及び苦情処理担当者は、当該苦情の処理過程において取得した情報を、当該処理に関与しない職員に共有してはならない。

2　苦情の申出

評価対象者は、苦情の申出を行うときは、その氏名、生年月日、所属する部署、役職名及び連絡先並びに具体的な苦情の内容を明らかにし、当該適性評価を実施した行政機関の苦情受理窓口に提出するものとする。

3　苦情の処理

(1)　調査の実施

苦情処理責任者は、苦情処理担当者に苦情についての調査を行わせる。ただし、苦情が内閣総理大臣による適性評価調査に関するものを含む場合には、その旨を内閣府の苦情処理責任者に通知し、内閣府において当該適性評価調査に関する苦情についての調査を行う。当該通知を受けた内閣府の苦情処理責任者は、当該苦情の概要を内閣総理大臣に報告するとともに、内閣府における苦情処理担当者を指名し、当該苦情についての調査を行わせる。

苦情処理担当者は、必要に応じ、苦情申出者、適性評価実施担当者、適性評価調査実施担当者その他の必要と認める者に質問し、又は苦情申出者、適性評価実施担当者若しくは適性評価調査実施担当者に資料の提出を求めることができる。

苦情申出者が、自らの苦情について意見を述べ、又は資料を提出することを希望したときは、苦情処理担当者は、その機会を与えなければならない。

内閣府の苦情処理責任者は、適性評価調査に関する苦情について行った調査の結果を、内閣総理大臣に報告の上、苦情の申出を受けた行政機関の苦情処理責任者に通知する。

(2)　調査の結果及び処理の方針の承認

苦情処理責任者は、調査の結果（苦情が内閣総理大臣による適性評価調査に関するものを含む場合には、通知された内閣府の調査の結果を含む。）及び処理の方針を行政機関の長に報告し、その承認を得なければならない。

4　苦情の処理の結果の通知

苦情処理担当者は、行政機関の長の承認を得た処理の方針に基づき、苦情申出者に対し、別添11の「苦情処理結果通知書」の交付（当該書面の作成に代えて電磁的記録が作成されている場合にあっては、当該電磁的記録の電子情報処理組織を使用する方法による提供。）により、苦情についての処理の結果を通知するものとする。

苦情の処理の結果を通知する際は、単に結論を示すだけでなく、判断の根拠等を具体的に説明するものとする。ただし、苦情申出者以外の者の個人情報の保護を図るとともに、結果の通知によって、適性評価調査の着眼点、情報源、手法等が明らかとなり、適性評価の円滑な実施の確保を妨げることとならないようにしなければならない。

5　苦情の処理の結果を踏まえた対応の実施

苦情処理責任者は、苦情処理の結果、適性評価の手続等が法令若しくは本運用基準の規定に違反し、又は適正を欠いていると認めるときは、適性評価実施責任者又は適性評価調査実施責任者にその改善を求めるものとする。なお、内閣総理大臣による適性評価調査の手続等が法令若しくは本運用基準の規定に違反し、又は適正を欠いていると認める場合には、内閣府の苦情処理責任者にその旨通知し、当該通知を受けた内閣府の苦情処理責任者が、内閣府の適性評価調査実施責任者に対し、その改善を求めるものとする。

苦情の処理の結果、改めて適性評価を実施する必要があると認める場合には、苦情処理責任者はその旨を適性評価実施責任者に通知する。

当該通知を受けた適性評価実施責任者は、当該通知の内容を苦情申出者が登載された名簿を提出した重要経済安保情報管理者に通知する。この場合において、苦情申出者が適合事業者の従業者であるときは、重要経済安保情報管理者は、当該適合事業者に対し、当該通知の内容を通知するとともに、苦情申出者が派遣労働者であるときは、当該通知の内容を、当該派遣労働者を雇用する事業主に通知するよう当該適合事業者に求めるものとする。

苦情処理責任者から改めて適性評価を行う必要がある旨の通知を受けた適性評価実施責任者は、改めて適性評価を実施する。この場合においては、適性評価調査実施担当者は、第2節5(1)及び(2)の規定にかかわらず、質問票及び調査票の提出を求めないことができる。

6　苦情の申出をしたことを理由とする不利益取扱いの禁止

行政機関の長、適合事業者及び派遣労働者を雇用する事業主は、苦情申出者について、苦情の申出をしたことを理由として、解雇、減給、降格、懲戒処分、自宅待機命令、不利益な配置の変更、労働契約内容の変更の強要、昇進若しくは昇格の人事考課において不利益な評価を行うこと、又は専ら雑務に従事させるなど就業環境を害することなどの不利益な取扱いをしてはならない。

また、行政機関の長は、適合事業者における不利益取扱いの禁止が遵守されるよう、契約において、個別具体的な事情を考慮し、担保措置等を適切に定めるよう努めるものとする。

第６節　相談窓口の設置

内閣総理大臣及び行政機関の長は、適性評価の実施に際して関係する者からの相談等を受ける窓口を設置するものとする。

当該窓口においては、評価対象者が行政機関若しくは適合事業者において適性評価の実施に当たって取得する個人情報を重要経済安保情報の保護以外の目的のために利用され、又は提供されたと考える場合の相談並びに適性評価調査に当たって質問若しくは照会を受けた者など評価対象者以外の者が適性評価に関して疑問等を感じた場合の相談等を受理するものとする。

当該窓口において相談等を受理した場合には、第５節に準じて誠実に処理するものとする。

第７節　警察本部長による適性評価

警察本部長による適性評価については、本運用基準に準じて実施するものとする。

第５章　適合事業者に対する重要経済安保情報の提供等

第１節　適合事業者に重要経済安保情報を提供する場合の流れ

１　事業者の選定

(1)　事業者への提供の必要性の判断

重要経済安保情報を保有する行政機関の長は、事業者からの相談なども踏まえながら、重要経済基盤の脆弱性の解消、重要経済基盤の脆弱性及び重要経済基盤に関する革新的な技術に関する調査及び研究の促進、重要経済基盤保護情報を保護するための措置の強化その他の我が国の安全保障の確保に資する活動の促進を図るために、特定の事業者に対して、重要経済安保情報を提供する必要があるか否かを判断するものとする。

(2)　事業者への事前の情報提供

行政機関の長は、重要経済安保情報の提供先である事業者を適切に選定するとともに、当該事業者において十分な検討が可能となるよう、できる限りの情報提供に努めるものとする。情報提供に当たっては、重要経済安保情報の概要やその性質などを提供するにとどめ、重要経済安保情報を提供することがないようにしなければならない。

また、重要経済安保情報の概要やその性質などを提供する場合であっても、その情報を保全するために必要性があると認めるときは、事業者との間で守秘義務契約を締結することができる。

(3)　他の行政機関から提供を受けた重要経済安保情報を提供する場合

事業者に重要経済安保情報を提供しようとする行政機関の長は、法第６条の規定に基づき、他の行政機関から提供を受けた重要経済安保情報を事業者に提供するに当たっては、当該他の行政機関からの同意を得なければならない。

２　適合事業者の認定

(1)　認定申請書の提出

行政機関の長は、適合事業者としての認定のために、事業者に対し、必要事項を記載し、又は記録した別添 12 の「認定申請書」（当該申請書に記載すべき事項を記録した電磁的記録を含む。以下「申請書」という。）の提出を求めるものとする。

(2)　適合事業者の認定

事業者から申請書の提出を受けた行政機関の長は、当該事業者が次に掲げる事項を明らかにした規程を定めており、当該規程に従ってこれらの措置を講ずることにより、重要経済安保情報を適切に保護することができると認められるかどうかを審査するものとする。

①　事業者において、重要経済安保情報の保護の全体の責任を有する者（以下「保護責任者」という。）の指名基準及び指名手続

②　重要経済安保情報を取り扱う場所において、当該重要経済安保情報の保護に関す

る業務を管理する者（以下「業務管理者」という。）の指名基準及び指名手続並びにその職務内容

③　従業者に対する重要経済安保情報の保護に関する教育の実施内容及び方法

④　重要経済安保情報の保護のために必要な施設設備の設置に係る手続

⑤　重要経済安保情報の取扱いの業務を行う従業者の範囲の決定基準及び決定手続

⑥　重要経済安保情報を取り扱うことができない者には重要経済安保情報を提供してはならないこと

⑦　重要経済安保情報を取り扱うことができない者は、重要経済安保情報を提供することを求めてはならないこと

⑧　重要経済安保情報を取り扱う場所への立入り及び機器の持込みの制限に係る手続及び方法

⑨　重要経済安保情報を取り扱うために使用する電子計算機の使用の制限に係る手続及び方法

⑩　重要経済安保情報文書等（施行令第４条に規定する重要経済安保情報文書等をいう。以下同じ。）の作成、運搬、交付、保管、廃棄その他の取扱いの方法の制限に係る手続及び方法

⑪　重要経済安保情報の伝達の方法の制限に係る手続及び方法

⑫　重要経済安保情報の取扱いの業務の状況の検査に係る手続及び方法

⑬　重要経済安保情報文書等の奪取その他重要経済安保情報の漏えいのおそれがある緊急の事態に際し、その漏えいを防止するために他に適当な手段がないと認められる場合における重要経済安保情報文書等の廃棄に係る手続及び方法

⑭　重要経済安保情報文書等の紛失その他の事故が生じた場合における被害の発生の防止その他の措置に係る手続及び方法

(3)　認定審査のための基本的な考え方・考慮要素

認定のための審査は、以下を踏まえて、総合的に判断するものとする。なお、認定のための審査を尽くしてもなお、事業者が以下に適合していると認めることについて疑念が残る場合には、重要経済安保情報の漏えいを防止し、もって我が国及び国民の安全を確保する法の目的に鑑み、適合事業者とは認定しないと判断するものとする。

①　事業者における株主や役員の状況に照らして、当該事業者の意思決定に関して外国の所有、支配又は影響がないと認められるかどうか。

②　(2)①又は②に関して、保護責任者又は業務管理者として指名される者が、業務を適切に行うための必要な知識を有しており、その職責を全うできる地位にあると認められるかどうか。

③　(2)③に関して、従業者にとって重要経済安保情報を保護するために必要な知識を的確に習得できる内容となっており、適切な頻度で継続的に実施されることとなっているかどうか。

④　(2)④又は⑧～⑩に関して、現地で実際に確認した上で、重要経済安保情報の保護のために設置されることになる施設設備が、重要経済安保情報を保護するための必

要な機能及び構造を有し、立入りの制限や持込みの制限に関して有効な機能及び構造を有しているかどうか。

行政機関の長は、認定審査のために必要な範囲内において、事業者から、申請書の記載事項のほか追加の資料の提出を求めることができる。

3　結果の通知

行政機関の長は、事業者が適合事業者に該当すると認定した場合には、当該適合事業者に対して、その結果を通知するものとする。

一方、事業者が適合事業者に該当すると認められなかった場合には、当該事業者に対して、その結果及び適合事業者に該当すると認められなかった理由を通知するものとする。

4　契約の締結

行政機関の長は、適合事業者との間で、重要経済安保情報を提供するための契約を締結するものとする。契約には、以下に関する事項を含めなければならない。

(1)　２(2)の規程に基づく重要経済安保情報の保護・管理に関すること

(2)　重要経済安保情報文書等であって当該適合事業者において作成したものについて法第３条第２項第１号に掲げる措置又は当該情報について講ずる同項第２号に掲げる措置に関すること

(3)　重要経済安保情報の指定の有効期間が満了した場合に講ずる措置に関すること

(4)　重要経済安保情報の指定の有効期間が延長された場合に講ずる措置に関すること

(5)　重要経済安保情報の指定が解除された場合に講ずる措置に関すること

(6)　第４章第４節２に規定する適性評価の実施に際して取得した個人情報を適切に管理すること

(7)　評価対象者が名簿への掲載や適性評価の実施に同意をしなかった事実、適性評価の結果が通知されていないこと、適性評価の結果その他適性評価の実施に当たって取得する個人情報を、第４章第４節３に規定する重要経済安保情報の保護以外の目的のために利用し又は提供してはならないこと

(8)　評価対象者に事情の変更があると認める場合には、速やかにこれを契約先の行政機関における重要経済安保情報に係る重要経済安保情報管理者に報告すること

(9)　申請書で提出した情報又は申請書に添付した規程若しくは規程案に関して変更が生じた場合には、速やかにこれを契約先の行政機関における重要経済安保情報に係る重要経済安保情報管理者に報告すること

(10)　適合事業者の認定後に行政機関により実施される定期的な検査の受入れに関すること

5　適性評価の実施

重要経済安保情報を適合事業者に提供しようとする行政機関の長は、当該適合事業者

との契約を締結した後、当該適合事業者において重要経済安保情報を取り扱うことが見込まれる従業者に対して、第４章に定めるところにより、適性評価を実施することとする。

第２節　適合事業者に対して重要経済安保情報を保有させる場合の流れ

１　事業者の選定

(1)　調査又は研究その他の活動の必要性の判断

行政機関の長は、自身が保有していない情報であって、これから実施する調査又は研究その他の活動（以下「調査研究等」という。）によって、重要経済安保情報の要件に該当する情報が発生することが見込まれる状況において、事業者に調査研究等を実施させることが、重要経済基盤の脆弱性の解消、重要経済基盤の脆弱性及び重要経済基盤に関する革新的な技術に関する調査及び研究の促進、重要経済基盤保護情報を保護するための措置の強化その他の我が国の安全保障の確保に資する活動の促進を図るために必要であるか否かを判断することとする。

(2)　事業者への事前の情報提供

行政機関の長は、調査研究等により重要経済安保情報を保有させようとする事業者を適切に選定するとともに、当該事業者において十分な検討が可能となるよう、できる限りの情報提供に努めるものとする。情報提供に当たっては、重要経済安保情報の概要やその性質などを提供するにとどめ、重要経済安保情報を提供することがないようにしなければならない。

また、重要経済安保情報の概要やその性質などを提供する場合であっても、その情報を保全するために必要性があると認めるときは、事業者との間で守秘義務契約を締結することができる。

(3)　同意の取得

行政機関の長は、調査研究等により重要経済安保情報を保有させようとする事業者から、その実施に当たっての同意を取得するものとする。

(4)　留意事項

調査研究等によって適合事業者に重要経済安保情報を保有させることができる場合とは、当該調査研究等の実施前に、当該適合事業者から(3)の同意を得た場合のみであり、このような同意を得ずに実施した調査研究等によって得られた結果を、重要経済安保情報に指定することはできない。

２　適合事業者の認定等

(1)　適合事業者の認定

１(3)の同意を得た行政機関の長は、第１節２で定めるところにより、適合事業者としての認定のために、申請書の提出を求めて審査を行い、適合事業者の認定をするものとする。

(2)　重要経済安保情報の指定

行政機関の長は、調査研究等の実施により事業者がこの後保有することが見込まれる情報に関して、あらかじめ重要経済安保情報に指定するものとする。

3　契約の締結

行政機関の長は、第１節４で定めるところにより、適合事業者との間で、調査研究等の実施及び重要経済安保情報の提供のための契約を締結するものとする。

4　適性評価の実施

行政機関の長は、事業者が適合事業者であるとの認定がされた後、当該適合事業者において実際に重要経済安保情報を取り扱うことが見込まれる従業者に対して、第４章で定めるところにより、適性評価を実施するものとする。

5　調査研究等の実施

行政機関の長は、調査研究等の結果、重要経済安保情報に指定すべき情報が出現した場合には、契約に基づき、当該情報を重要経済安保情報として引き続き適合事業者に保有させるものとする。

第３節　適合事業者と認定した後の措置

1　事業者からの報告

行政機関の長は、適合事業者が申請書に記載し、若しくは記録した情報又は規程その他の申請書に添付して提出した情報に関して変更があった場合には、第１節４の契約に基づいて、適合事業者に報告させるものとする。

2　変更部分に係る再審査

適合事業者からの報告を受けた行政機関の長は、変更部分につき、改めて第１節２に基づき適合性の認定の審査を実施することとする。

なお、行政機関において、改めての適合性の認定の審査を実施している間は、当該適合事業者は、契約に基づき提供された重要経済安保情報を引き続き取り扱うことができる。

3　結果の通知

変更部分につき改めて適合性の認定の審査を実施した行政機関の長は、審査の結果、引き続き適合事業者であると認定した場合には、その旨を事業者に通知することとする。

一方、審査の結果、適合事業者に該当すると認められなかった場合には、その結果及び適合事業者に該当すると認められなかった理由を事業者に通知するとともに、既に重要経済安保情報を提供しているときは、事業者に対して当該重要経済安保情報が記載又は記録されている重要経済安保情報文書等の返還を求めることとする。

第６章　重要経済安保情報保護活用法の実施の適正を確保するための措置

第１節　重要経済安保情報保護活用委員会

重要経済安保情報の指定及びその解除、適性評価の実施並びに適合事業者の認定の適正を確保し、その統一的な運用を図るため、内閣府に、重要経済安保情報保護活用委員会を設置する。重要経済安保情報保護活用委員会の庶務は内閣府において処理し、そのために必要な事項は、内閣府において定めるものとする。

内閣総理大臣は、重要経済安保情報保護活用委員会を通じて、法第 18 条第４項に基づき、重要経済安保情報である情報を含む資料の提出及び説明を求めることができるとともに、重要経済安保情報の指定及びその解除、適性評価の実施並びに適合事業者の認定について必要な勧告をし、又はその勧告の結果とられた措置について報告を求めることができる。

第２節　内閣府独立公文書管理監による検証・監察

１　内閣府独立公文書管理監による検証・監察

内閣府独立公文書管理監（内閣府独立公文書管理監が指名する内閣府の職員を含む。以下同じ。）は、重要経済安保情報の指定及びその解除並びに重要経済安保情報行政文書ファイル等（重要経済安保情報を記録する行政文書ファイル等（公文書管理法第５条第５項に規定する行政文書ファイル等をいう。）をいう。以下同じ。）の管理が、法、施行令及び本運用基準第１章から第３章まで（以下「法等」という。）に従って行われているかどうか検証し、監察するものとする。

ここでいう、重要経済安保情報行政文書ファイル等の管理の検証・監察には、保存期間１年未満の重要経済安保情報文書の中に保存期間を１年以上と設定すべきものがないかの検証・監察が含まれる。なお、保存期間１年未満の重要経済安保情報文書の管理については、「行政文書の管理に関するガイドライン」（平成 23 年４月１日内閣総理大臣決定）を踏まえて各行政機関の長が定める行政文書管理規則による。

２　行政機関の長に対する資料の要求

内閣府独立公文書管理監は、業務の実施に当たり、必要があると認めるときは、行政機関の長に対し、重要経済安保情報を含む資料の提出若しくは説明を求め、又は実地調査をすることができる。

行政機関の長は、上記による求めがあったときは、法第９条第１項の規定により、内閣府独立公文書管理監に重要経済安保情報を提供するものとし、当該重要経済安保情報の提供が、我が国の安全保障に著しい支障を及ぼすおそれがないと認められないとして、上記の求めに応じないときは、その理由を内閣府独立公文書管理監に疎明しなければならない。

3　是正の求め

内閣府独立公文書管理監は、検証又は監察の結果、行政機関の長による重要経済安保情報の指定及びその解除又は重要経済安保情報行政文書ファイル等の管理が、法等に従って行われていないと認める場合には、当該行政機関の長に対し、当該指定の解除、当該重要経済安保情報行政文書ファイル等の適正な管理その他の是正を求めるものとし、その是正を求めたときは、その内容を重要経済安保情報保護活用委員会へ通知するものとする。

行政機関の長は、上記による是正の求めがあったときは、適切な措置を講じた上で、当該措置について内閣府独立公文書管理監に報告するものとする。

4　行政機関の長による指定管理簿の写しの提出等

上記で定めるもののほか、行政機関の長は、重要経済安保情報の指定及びその解除並びに重要経済安保情報行政文書ファイル等の管理の検証・監察の実施に資するため、次に掲げる事務を行うものとする。

(1)　重要経済安保情報を指定し、指定管理簿に必要な事項を記載し若しくは記録したとき、又は、指定の有効期間を延長し、若しくは指定を解除し、施行令第８条第２号若しくは第 10 条第１項第３号に基づき、それぞれ指定管理簿に必要な事項を記載し若しくは記録したときは、速やかに、内閣府独立公文書管理監に、当該指定に関する指定管理簿の写しを提出すること。

(2)　重要経済安保情報行政文書ファイル等の管理について、毎年１回、次に掲げる事項その他の重要経済安保情報行政文書ファイル等の管理に資する事項を、内閣府独立公文書管理監に報告すること。

①　重要経済安保情報行政文書ファイル等の名称
②　重要経済安保情報行政文書ファイル等の保存場所
③　重要経済安保情報行政文書ファイル等の保存期間
④　重要経済安保情報行政文書ファイル等の保存期間が満了したときの措置

(3)　重要経済安保情報の指定及びその解除又は重要経済安保情報行政文書ファイル等の管理が法等に従って行われていないと行政機関の長が認めた場合には、速やかに内閣府独立公文書管理監に報告すること。

第３節　重要経済安保情報の指定及びその解除並びに重要経済安保情報行政文書ファイル等の管理の適正に関する通報

1　通報窓口の設置

内閣府独立公文書管理監及び行政機関の長は、重要経済安保情報の取扱いの業務を行う者若しくは行っていた者又は法第４条第５項、第８条、第９条、第 10 条若しくは第 18 条第４項の規定により提供された重要経済安保情報について、当該提供の目的である業務により当該重要経済安保情報を知得した者（以下「取扱業務者等」という。）が、重要経済安保情報の指定及びその解除又は重要経済安保情報行政文書ファイル等の管理が法等に従って行われていないと思料する場合に通報するための窓口（以下「通報窓口」という。）を設置し、公表するものとする。

2　通報の処理

(1)　行政機関に対する通報

①　取扱業務者等による通報

取扱業務者等は、重要経済安保情報の指定及びその解除又は重要経済安保情報行政文書ファイル等の管理が、法等に従って行われていないと思料するときは、通報窓口に対し、その旨の通報をすることができる。この場合において、取扱業務者等は、指定管理簿に記載され、又は記録された重要経済安保情報の概要や、重要経済安保情報が記録された文書の番号を用いるなどし、重要経済安保情報を漏らしてはならない。

②　行政機関による調査の判断

行政機関の長は、受理した通報に基づき調査の必要性を十分に検討した上で、調査を行う場合にはその旨及び着手の時期を、調査を行わない場合にはその旨及び理由を、当該通報を行った者（以下「通報者」という。）に対し、遅滞なく通知するものとする。ただし、適正な調査の遂行に支障がある場合はこの限りではない。

③　行政機関による調査の実施

行政機関の長は、調査を行う場合には、遅滞なく必要な調査を行い、調査の結果、重要経済安保情報の指定及びその解除又は重要経済安保情報行政文書ファイル等の管理が法等に従って行われていないことが明らかになったときは、速やかに当該指定の解除、当該重要経済安保情報行政文書ファイル等の適正な管理その他の適切な措置を講ずるものとする。

④　調査結果の通知

行政機関の長は、調査を実施した場合には、その結果を遅滞なく通報者に対し通知するものとする。行政機関の長は、通報を処理したときは、その内容を内閣府独立公文書管理監に報告するものとする。

(2)　内閣府独立公文書管理監に対する通報

①　取扱業務者等による通報

取扱業務者等は、重要経済安保情報の指定及びその解除又は重要経済安保情報行政文書ファイル等の管理が、法等に従って行われていないと思料するときは、内閣府独立公文書管理監の通報窓口に対し、その旨の通報をすることができる。この場合において、取扱業務者等は、指定管理簿に記載され、又は記録された重要経済安保情報の概要や、重要経済安保情報が記録された文書の番号を用いるなどし、重要経済安保情報を漏らしてはならない。

この通報は、２(1)②において調査を行わない旨の通知又は２(1)④の通知を受けた後でなければ、行うことができない。ただし、次に掲げる場合は、この限りではない。

ア　２(1)①に定める通報をすれば、不利益な取扱いを受けると信ずるに足りる相当の理由がある場合

イ　２(1)①に定める通報をすれば、当該通報に係る証拠が隠滅され、偽造され、又は変造されるおそれがあると信ずるに足りる相当の理由がある場合

ウ　個人の生命又は身体に危害が発生し、又は発生する急迫した危険があると信ずるに足りる相当の理由がある場合

②　内閣府独立公文書管理監による調査の実施

内閣府独立公文書管理監は、通報を受理した場合には、遅滞なく必要な調査を行うものとし、必要があると認めるときは、①の通知に係る行政機関の長に対し、重要経済安保情報を含む資料の提出若しくは説明を求め、又は実地調査をすることができる。行政機関の長は、当該求めがあったときは、法第９条第１項の規定により、内閣府独立公文書管理監に重要経済安保情報を提供するものとし、当該重要経済安保情報の提供が、我が国の安全保障に著しい支障を及ぼすおそれがないと認められないとして、その求めに応じないときは、その理由を内閣府独立公文書管理監に疎明しなければならない。

③　是正の求め

内閣府独立公文書管理監は、重要経済安保情報の指定及びその解除又は重要経済安保情報行政文書ファイル等の管理が法等に従って行われていないと認めるときは、当該重要経済安保情報の指定及びその解除をし、又は重要経済安保情報行政文書ファイル等を保有する行政機関の長に対し、当該指定の解除、当該重要経済安保情報行政文書ファイル等の適正な管理その他の是正を求めるものとし、その是正を求めたときは、その内容を重要経済安保情報保護活用委員会へ通知するものとする。

④　調査結果の通知

行政機関の長は、上記の是正の求めがあったときは、適切な措置を講じた上で、当該措置について内閣府独立公文書管理監に報告するものとする。

内閣府独立公文書管理監は、調査の結果を遅滞なく通報者に対し通知するものとする。

(3)　通報者の保護等

①　個人情報の保護

通報の処理に関与した職員は、通報者を特定させることとなる情報その他の通報に関する秘密を漏らしてはならず、又は知り得た個人情報の内容をみだりに他人に知らせ、若しくは不当な目的に利用してはならない。

② 不利益取扱いの禁止

行政機関の長は、当該行政機関の職員が、通報者（通報者が適合事業者の従業者である場合にあっては、当該適合事業者を含む。③前段において同じ。）に対し、通報をしたことを理由として不利益な取扱いをすることのないよう適切な措置を講じなければならない。

③ 違反に対する措置

行政機関の長は、通報者に対し、通報をしたことを理由として懲戒処分その他不利益な取扱いを行った職員があるときは、当該不利益な取扱いを取り消し、又は是正するとともに、当該職員に対し、懲戒処分その他適切な措置を講ずるものとする。正当な理由なく、通報に関する秘密を漏らした職員及び知り得た個人情報の内容をみだりに他人に知らせ、又は不当な目的に利用した職員についても同様とする。

④ 通報に係る記録の保管

行政機関の長及び内閣府独立公文書管理監は、通報の処理に係る記録を作成し、適切な保存期間を定めた上で、当該記録を関係資料とともに適切な方法で管理しなければならない。

第４節 重要経済安保情報の指定及びその解除、適性評価の実施並びに適合事業者の認定の状況に関する報告等

１ 行政機関の長による報告

行政機関の長は、毎年１回、(1)から(14)までに掲げる事項を重要経済安保情報保護活用委員会に、(1)から(8)まで及び(14)に掲げる事項を内閣府独立公文書管理監に、報告するものとする。

(1) 当該行政機関の長が指定した重要経済安保情報の件数（第２章第１節１に規定する事項の細目ごと。(2)～(4)において同じ。）
(2) 過去１年に新たに指定をした重要経済安保情報の件数
(3) 過去１年に指定の有効期間の延長をした件数
(4) 過去１年に指定を解除した件数
(5) 重要経済安保情報であった情報を記録する行政文書ファイル等を過去１年に国立公文書館等に移管した件数
(6) 重要経済安保情報であった情報を記録する行政文書ファイル等を過去１年に廃棄した件数
(7) 過去１年に廃棄した重要経済安保情報行政文書ファイル等の件数
(8) 過去１年に処理した第３節２の通報の件数
(9) 過去１年に適性評価を実施した件数（警察庁長官にあっては、警察本部長が実施した適性評価の件数を含む（(10) 及び (11) において同じ。）。）

(10) 過去１年に適性評価の評価対象者が法第 12 条第３項の同意をしなかった件数
(11) 過去１年に申出のあった苦情の件数
(12) 過去１年に行った適性評価に関する改善事例
(13) 適合事業者の認定の件数
(14) その他参考となる事項

２　重要経済安保情報保護活用諮問会議への報告

重要経済安保情報保護活用委員会は、１に基づく報告を取りまとめ、国民に分かりやすい形で取りまとめた概要を付して、重要経済安保情報の指定及びその解除、適性評価の実施並びに適合事業者の認定の状況を、内閣総理大臣に報告するものとする。

内閣総理大臣は、毎年１回、上記の状況を、法第 18 条第２項に規定する者で構成される重要経済安保情報保護活用諮問会議に報告し、その意見を聴かなければならない。

３　国会への報告及び公表

内閣総理大臣は、毎年１回、２の意見を付して、重要経済安保情報の指定及びその解除、適性評価の実施並びに適合事業者の認定の状況を、法第 19 条に基づき国会に報告するとともに、公表するものとする。

なお、国会に報告する際には、法第９条第１項第１号イに基づき行政機関の長が保存する指定管理簿を取りまとめたものを、上記の報告に添付するものとする。

４　内閣府独立公文書管理監による報告

内閣府独立公文書管理監は、重要経済安保情報保護活用委員会に対し、１(1)から(8)まで及び(14)に掲げる事項に関し、行政機関の長による重要経済安保情報の指定及びその解除並びに重要経済安保情報行政文書ファイル等の管理についての意見を述べることができる。

内閣府独立公文書管理監は、毎年１回、重要経済安保情報の指定及びその解除並びに重要経済安保情報行政文書ファイル等の管理の適正を確保するため内閣府独立公文書管理監及び行政機関の長がとった措置の概要を内閣総理大臣に報告するとともに、公表するものとする。

第５節　関係行政機関の協力

内閣総理大臣及び関係行政機関の長は、重要経済安保情報の指定及びその解除、適性評価の実施並びに適合事業者の認定に関し、照会があった場合には必要な事項の報告を行うなど、重要経済安保情報の保護のために相互に協力するものとする。

ただし、内閣総理大臣及び行政機関の長は、内閣総理大臣が法第 12 条第５項に基づき行う場合を除き、他の行政機関の職員及び他の行政機関が契約する適合事業者の従業者についての適性評価調査を代行してはならない。

第６節　研修

行政機関の長は、重要経済安保情報管理者、適性評価実施責任者、適性評価実施担当者、適性評価調査実施責任者、適性評価調査実施担当者といった法の施行に関わる者に対し、重要経済安保情報の指定及びその解除、適性評価の実施並びに適合事業者の認定に関して、その適正な実施を確保するために、必要な知識及び技能を習得させ、並びにこれを向上させるために必要な研修を定期的に行うものとする。

内閣府は、上記の研修に資するための教材や資料を幅広く提供又は公表するものとする。

第７節　その他の遵守すべき事項

重要経済安保情報の提供を受けた重要経済安保情報保護活用委員会又は内閣府独立公文書管理監は、当該重要経済安保情報を提供した行政機関の長とあらかじめ協議して定めるところに従い、当該重要経済安保情報を利用する職員の範囲を制限することその他の当該重要経済安保情報の保護のために必要な措置を講じなければならない。

重要経済安保情報保護活用委員会は、重要経済安保情報の指定及びその解除、適性評価の実施並びに適合事業者の認定の適正を確保するために必要な専門的技術的知識及び能力の維持向上に努めなければならない。

内閣府独立公文書管理監は、重要経済安保情報の指定及びその解除並びに重要経済安保情報行政文書ファイル等の管理の適正を確保するために必要な専門的技術的知識及び能力の維持向上に努めなければならない。

行政機関の長は、審査又は調査のために国会から必要な報告又は記録の提出を求められたときは、その充実に資するよう、法や国会法（昭和 22 年法律第 79 号）その他の法令の規定に基づき適切に対応するものとする。

適合事業者は、重要経済安保情報を取り扱うに当たっては、事業者内の実務が円滑に進むよう、労使も含めて様々なステークホルダーと対話することに努めるものとする。

第７章　本運用基準の見直し

政府は、重要経済安保情報の指定、適性評価の実施、適合事業者の認定に関し、常にその運用の改善に努めつつ、必要に応じて、本運用基準について見直しを行うものとする。また、見直しの結果については、これを公表するものとする。

第８章　施行日

本運用基準は、法の施行の日（令和７年５月 16 日）から施行する。

別添１

年　月　日

様

大臣

適性評価の実施に当たってのお知らせ（告知書）

あなたは、重要経済安保情報の保護及び活用に関する法律（令和６年法律第27号。以下「重要経済安保情報保護活用法」といいます。）に基づいて実施される適性評価の対象者となりました。重要経済安保情報保護活用法では、同法に定められた事項をあなたにお知らせし、あなたの同意が得られた場合に適性評価を実施することとされています。適性評価の実施に同意するか否かは、あなたが自由に決めることができます。このお知らせをよく読んで、適性評価の実施に同意するか否かを判断してください。なお、適性評価の実施に同意しない場合、その理由は問われません。

１　適性評価を実施する趣旨

(1)　重要経済安保情報保護活用法は、重要経済基盤に関する情報であって安全保障上の秘匿性の高い情報の漏えいを防止し、国と国民の安全を確保することを目的としており、我が国の安全保障に関し特に秘匿することが必要な情報について、重要経済安保情報として指定し、その漏えいを防止するため、これを取り扱う者を制限したり、これを漏えいした場合の罰則を規定したりしています。

(2)　適性評価は、重要経済安保情報保護活用法第12条第１項各号に基づき、

①　重要経済安保情報の取扱いの業務（以下「取扱業務」といいます。）を新たに行うことが見込まれることとなった者

②　行政機関の保有する重要経済安保情報について、取扱業務を現に行う者であって、直近に実施された適性評価の結果が通知された日から10年（特定秘密の保護に関する法律における適性評価において特定秘密の取扱いの業務を行った場合にこれを漏らすおそれがないと認められた者にあっては、その適性評価の結果が通知された日から５年）を経過した後も、取扱業務を引き続き行うことが見込まれるもの

③　取扱業務を行った場合にこれを漏らすおそれがないと認められた者であって、引き続き重要経済安保情報を漏らすおそれがないと認めることについて疑いを生じさせる事情があるもの

に対して行うもので、取扱業務を行った場合に重要経済安保情報を漏らすおそれ

がないことについて評価を行います。
(3) 重要経済安保情報保護活用法では、適性評価の結果、取扱業務を行った場合に重要経済安保情報を漏らすおそれがないと認められた人でなければ、取扱業務を行うことができないとされています。
(4) 取扱業務を行う者がその業務により知り得た重要経済安保情報を故意又は過失により漏らしたときは、重要経済安保情報保護活用法に基づき罰せられることがあります。
(5) あなたについて適性評価を行う者は、【○○大臣】となります。
【(6) 今般あなたが適性評価の対象者となったのは、重要経済安保情報保護活用法第 12 条第 1 項第 3 号に掲げるものに該当すると認めたためです。そのため、重要経済安保情報保護活用法第 11 条により、あなたは、取扱業務を行うことができません。ただし、あなたの同意があり、今後実施する適性評価において、取扱業務を行った場合に重要経済安保情報を漏らすおそれがないと認められたときは、再び、取扱業務を行うことができます。※該当する場合に追記】
※ 詳細は重要経済安保情報保護活用法第 11 条から第 17 条まで、第 23 条及び第 27 条を御覧ください。

2 適性評価で調査する事項

適性評価においては、重要経済安保情報保護活用法に定められた次に掲げる事項について調査します。

なお、以下に記載する事項に該当する事実があるからといって、重要経済安保情報を漏らすおそれがないと認められないと直ちに判断されるものではありません。

(1) 重要経済基盤毀損活動（注）との関係に関する事項

重要経済基盤毀損活動を行ったことがある、あるいは、支援したことがあるか、重要経済基盤毀損活動を行う団体のメンバーだったことがある、あるいは、現在メンバーであるか、こうした団体を支援したことがある、あるいは、現在支援しているか、外国との関係を含め、こうした団体からの働き掛けを受けた場合に協力せざるを得ない関係になっていないかについて調査します。

なお、外国との関係があることをもって、重要経済基盤毀損活動との関係があると直ちに判断されるものではありません。

また、あなたの家族や同居人についても、その氏名、生年月日、国籍及び住所に限り調査します。このことを家族や同居人にお知らせいただいても差し支えありません。この調査は、あなたに対する外国の情報機関等からの働き掛けの有無を確認する上での参考とするためであり、これらの事項以外の事項について調査することはありません。

(2) 犯罪及び懲戒の経歴に関する事項

過去に罪を犯し、有罪の判決（執行猶予が付いているものも含みます。）を受けたことがあるか、又は職業上の懲戒処分を受けたことがあるかについて調査します。

(3) 情報の取扱いに係る非違の経歴に関する事項

使用してはならないとされている記録媒体に情報を保存したり、必要な手続を経ずに文書を複写したり、職務に関連した事項をインターネット上のサイトに公表したりするなどして、文書やシステムの管理に関する規則等に違反し、職業上の懲戒処分や懲戒処分には至らない上司からの指導監督上の措置（訓告、厳重注意等）を受けたことがあるかについて調査します。

(4) 薬物の濫用及び影響に関する事項

所持や使用等が禁止されている薬物を所持したり使用したりしたことがあるかや、疾病の治療のための薬物を用量を著しく超えて服用したことがあるかについて調査します。

(5) 精神疾患に関する事項

アルコール依存症、統合失調症などの精神疾患により自己の行為の是非を判別し、若しくはその判別に従って行動する能力を失わせ、又は著しく低下させる症状を呈しているかについて調査します。

なお、精神疾患に関し、治療やカウンセリングを受けたことがあるとの事実をもって、重要経済安保情報を漏らすおそれがないと認められないと直ちに判断されることはありません。必要な場合には、医療機関等に照会した上で、具体的な症状や治療の経過、再発の可能性等を踏まえ、重要経済安保情報を漏らすおそれがないかどうか判断されます。

(6) 飲酒についての節度に関する事項

飲酒を原因として、けんかなどのトラブルを引き起こしたり、業務上の支障を生じさせたりしたことがあるかについて調査します。

(7) 信用状態その他の経済的な状況に関する事項

住宅、車両及び耐久消費財の購入並びに教育といった一般的な目的とは異なる借入れがあるか、金銭債務の不履行があるか、自己の資力に照らし不相応な金銭消費があるかなど、経済的な状況について調査します。

(注)「重要経済基盤毀損活動」とは、公になっていない情報のうちその漏えいが我が国の安全保障に支障を与えるおそれがあるものを取得するための活動その他の活動であって、外国の利益を図る目的で行われ、かつ、重要経済基盤に関して我が国及び国民の安全を著しく害し、又は害するおそれのあるもの（重要経済安保情報を標的としたいわゆるスパイ活動等）や、重要経済基盤に支障を生じさせるための活動であって、政治上その他の主義主張に基づき、国家若しくは他人を当該主義主張に従わせ、又は社会に不安若しくは恐怖を与える目的で行われるもの（重要経済基盤を標的とするいわゆるテロリズム）を指します。スパイ活動等において取得の対象となる情報としては、重要経

済基盤に関し政府の保有する情報で我が国及び国民の安全を確保する観点から保護すべきものが想定される他、政府が関知するに至っている民間保有の機微な情報でその漏えいが我が国及び国民の安全の確保に支障を与えるおそれがあるもの（例えば、我が国における重要物資のサプライチェーン上の脆弱性に関する情報）も含まれ得ます。

3　調査の方法

(1) 適性評価の実施に同意する場合には、「質問票（適性評価）」（当該質問票に記載すべき事項を記録した電磁的記録を含む。以下同じ。）に必要事項を記載し、又は記録していただきます。この質問票を基に、2で列挙した事項について、【内閣総理大臣又は○○大臣】が調査します。調査においては、適性評価の調査の実施を担当する職員が、あなたやあなたの上司や同僚などの知人その他の関係者に対し、面接等により、質問票に記載し、又は記録された事項についての疑問点を確認等するため、あなたに関する質問を行うことがあります。

(2) また、あなたに資料の提出を求めたり、公務所や公私の団体（例えば、医療機関、信用情報機関、あなたが過去に適性評価を受けた行政機関があります。）に照会して必要な事項（例えば、あなたの精神疾患の具体的症状や、借入れの状況、あなたが過去に受けた適性評価の結果があります。）の報告を求めたりすることがあります。その際、公務所や公私の団体に対し、調査を行うため必要な範囲内であなたに関する情報を回答してもらうことについて、あなたが同意していることを明らかにするため、あなたが提出した「公務所又は公私の団体への照会等についての同意書」の写しを提示又は交付することがあります。

(3) なお、質問票への回答のほか、今回の調査において聞かれたことに対しては、あなたが確認できる限りの事実を具体的に、漏れなくかつ正確に答えてください。回答を求められた事項に関して回答を拒否したり、虚偽の回答をしたりするなど、調査に必要な協力をしなかった場合には、適性評価の結果に影響を及ぼすことがあります。

4　評価

上記の調査結果を基に、【○○大臣】は、あなたが取扱業務を行った場合に重要経済安保情報を漏らすおそれがないかどうか評価を行います。

評価は、個別具体的な事情を十分に考慮して、総合的に行うこととなります。

評価の結果、重要経済安保情報を漏らすおそれがないと認められなかった場合には、取扱業務を行うことはできません。

5　結果・理由の通知

評価結果は、あなたにお知らせします。

重要経済安保情報を漏らすおそれがないと認められなかった場合には、適性評価の円滑な実施の確保を妨げない範囲内で、その理由もお知らせします。

ただし、あなたが希望しない場合は理由をお知らせしません。理由の通知を希望しない場合には、「適性評価の実施についての同意書」(当該同意書に記載すべき事項を記録した電磁的記録を含む。以下同じ。)に欄がありますので、必要事項を記載し、又は記録してください。

なお、理由の通知の希望の有無は、「適性評価の実施についての同意書」を提出した後でも変更できます。この場合には、あなたの氏名、生年月日、所属する部署、役職名及び連絡先並びに理由の通知についての希望の変更内容を記載し、又は記録した書面又は電磁的記録を適性評価の実施を担当する職員に提出してください。

【また、今回の適性評価に関してあなたを雇用する事業者【と派遣先の事業者※従業者が派遣労働者である場合に追記】に対しては、適性評価が実施された場合にはその結果が、あなたが同意をしなかったことにより適性評価が実施されなかった場合やあなたが同意を取り下げたことにより適性評価の手続が中止された場合にはその旨が通知されます。ただし、事業者に対しては、重要経済安保情報を漏らすおそれがないと認められなかった場合の理由は通知されません(あなたには通知されます。)。また、調査によって判明した事柄も通知されません。※従業者の場合に追記】

6　重要経済安保情報の保護に関する誓約

適性評価の結果、取扱業務を行うこととなった場合は、重要経済安保情報の保護のための法令及び関係規程を遵守し、重要経済安保情報の保護に努め、これを漏らさないことについて誓約書を提出していただきます。

あなたが、重要経済安保情報の取扱業務により知得した重要経済安保情報を故意又は過失により漏らした場合には、重要経済安保情報保護活用法第 23 条により罰せられることがあります。

重要経済安保情報に係る文書の紛失や「重要経済安保情報の指定及びその解除、適性評価の実施並びに適合事業者の認定に関し、統一的な運用を図るための基準」第4章第3節1(1)に掲げる事情等、重要経済安保情報の漏えい又は漏えいのおそれがあると認められる事情が発生した場合には、速やかに当該重要経済安保情報に係る重要経済安保情報管理者へ報告していただきます。

また、[あなたの上司等/あなたを雇用する事業者/あなたを雇用する事業者又はあなたの派遣先の事業者]が、あなたについて上記の事情があると認めた場合には、あなたが取り扱う重要経済安保情報に係る重要経済安保情報管理者へその事情が報告されることとなります。

なお、あなたが取扱業務を行わないこととなった後に、【○○省】の職員又は【○○省】との契約に基づき重要経済安保情報の提供を受け、若しくは重要経済安保情報を保有する適合事業者の従業者として、再び取扱業務を行うことが見込まれることとなった場合には、あなたについて、重要経済安保情報保護活用法第12条第１項に規定される引き続き取扱業務を行った場合にこれを漏らすおそれがないか否かを判断する必要があるため、重要経済安保情報を取り扱う業務を行わなくなった日以降の上記に掲げる事項や職歴・学歴について、新たに取り扱う重要経済安保情報に係る重要経済安保情報管理者に報告していただきます。また、他の行政機関の長があなたについて今後実施する適性評価に重要経済安保情報保護活用法第12条第７項の規定が適用される場合についても、同様に、重要経済安保情報を取扱う業務を行わなくなった日以降の上記に掲げる事項や職歴・学歴について、新たに取り扱う重要経済安保情報に係る重要経済安保情報管理者に報告していただきます。

７　適性評価の実施に当たって取得する個人情報の取扱い

適性評価の実施に当たって取得する個人情報（適性評価の結果や、あなたが適性評価の実施に同意しなかった場合におけるその事実を含みます。）を、適性評価を実施した【○○省】【やあなたを雇用等する事業者※従業者の場合に追記】が、法令に基づく場合を除き、重要経済安保情報の保護以外の目的のために、自ら利用したり、他の行政機関等に提供したりすることはありません。また、適性評価は、取扱業務を行った際に重要経済安保情報を漏らすおそれがないことについての評価であり、人事評価又はその他の能力の実証を行うものではなく、人事評価や人事考課、解雇、懲戒処分、不利益な配置の変更等のために適性評価の結果を用いることは重要経済安保情報保護活用法の規定により明確に禁じられています。

【ただし、適性評価を実施した結果、あなたが懲戒処分等の対象となる疑いが生じた場合は、この限りではありません。※行政機関の職員の場合に追記】

８　苦情等の申出

通知された適性評価の結果や調査方法など、あなたについて実施された適性評価について苦情がある場合は、【○○大臣】に対し、苦情の申出をすることができます。苦情受理窓口は、【○○省】です。この苦情を申し出たことにより、あなたが不利益な取扱いを受けることはありません。また、適性評価が実施された後に、適性評価に関連して不利益な取扱いを受けたなどの相談がある場合についても、【○○省】相談窓口に申し出ることができます。相談については、【○○省】相談窓口だけでなく、内閣府相談窓口に申し出ることもできます。

＜【○○省】苦情受理窓口＞	＜【○○省】相談窓口＞	＜内閣府相談窓口＞
省　局　課	省　局　課	内閣府　局　課
住所	住所	住所
電話	電話	電話
電子メール	電子メール	電子メール

※苦情受理窓口と相談窓口が同じ場合は、〈【○○省】苦情受理窓口・相談窓口〉とまとめて記載することも可能。

この告知書を読んだ上で、あなたを対象とした適性評価を実施することに同意する場合は「適性評価の実施についての同意書」と「公務所又は公私の団体への照会等についての同意書」を、同意しない場合は「適性評価の実施についての不同意書」（当該不同意書に記載すべき事項を記録した電磁的記録を含む。以下「不同意書」という。）を提出してください。

上記の２つの同意書を提出した場合には、あなたを対象とする適性評価の手続が開始されることとなります。

なお、同意は、同意書を提出した後であっても、適性評価の結果が通知されるまでの間は、いつでも取り下げることができます。この場合には、下記の適性評価実施担当者に連絡の上、同意を取り下げることを「適性評価の実施についての同意の取下書」（当該同意の取下書に記載すべき事項を記録した電磁的記録を含む。）で通知していただきます。

不同意書を提出した場合など、あなたの同意が得られなかった場合には、適性評価を実施しません。また、同意を取り下げた場合には、適性評価の手続を中止します。（※）ただし、いずれの場合であっても、あなたは取扱業務に従事することができません。このため、あなたが現在配置されているポストにおいて取扱業務を行っていたり、取扱業務を行うことが予定されていたりする場合、取扱業務が予定されないポストにあなたが配置換となることなどもあり得ます（なお、あなたが適性評価の実施に同意しなかった事実や、同意を取り下げた事実を、重要経済安保情報の保護以外の目的で利用することは禁止されています。）。

【また、あなたが適性評価に同意しなかった場合、それにより適性評価が実施されなかった事実は、あなたを雇用する事業者【と、あなたの派遣先の事業者※従業者が派遣労働者である場合に追記】に対しても通知されます（あなたが同意を取り下げた場合にも通知されます。）。※従業者の場合に追記】

適性評価の実施に同意する場合は、
・　「適性評価の実施についての同意書」
・　「公務所又は公私の団体への照会等についての同意書」
適性評価の実施に同意しない場合は、
・　「適性評価の実施についての不同意書」
に必要事項を記載又は記録の上、提出してください。

書面で提出する際は、封筒に入れて封をした上で、下記の適性評価実施担当者に提出してください。

（※）適性評価の実施に関する文書等について、行政機関から、重要経済安保情報保護活用法第 13 条第１項の規定による適性評価の結果を通知した日又は適性評価の手続を中止する旨通知した日のいずれかに属する年度の翌年度の４月１日から起算して 10 年が経過するまでの期間は保存されます。なお、不同意又は同意の取下書の提出があった場合の適性評価の実施に関する文書等については、当該書面が提出された日の属する年度の翌年度の４月１日から起算して３年が経過するまでの期間保存されます。

＜適性評価実施担当者＞
　　省　局　課
住所
電話
電子メール

○重要経済安保情報の保護及び活用に関する法律（令和６年法律第27号）（抄）

第11条　重要経済安保情報の取扱いの業務は、当該業務を行わせる行政機関の長若しくは当該業務を行わせる適合事業者に当該重要経済安保情報を提供し、若しくは保有させる行政機関の長又は当該業務を行わせる警察本部長が直近に実施した次条第１項又は第15条第１項の規定による適性評価（第13条第１項（第15条第２項において読み替えて準用する場合を含む。）の規定による評価対象者（次条第２項に規定する評価対象者をいう。同条第１項第１号イ及び第２号において同じ。）への通知があった日から10年を経過していないものに限る。）において重要経済安保情報の取扱いの業務を行った場合にこれを漏らすおそれがないと認められた者（次条第１項第３号又は第15条第１項第３号に掲げる者として次条第３項（第15条第２項において読み替えて準用する場合を含む。）の規定による告知があった者（次項において「再評価対象者」という。）を除く。）でなければ行ってはならない。ただし、次に掲げる者については、次条第１項又は第15条第１項の規定による適性評価を受けることを要しない。

一～七　（略）

２　前項の規定にかかわらず、重要経済安保情報の取扱いの業務を行わせる行政機関の長若しくは当該業務を行わせる適合事業者に当該重要経済安保情報を提供し、若しくは保有させる行政機関の長又は当該業務を行わせる警察本部長が特定秘密保護法第12条第１項又は第15条第１項の規定により直近に実施したこれらの規定による適性評価（当該適性評価の後に当該行政機関の長又は警察本部長による次条第１項又は第15条第１項の規定による適性評価が実施された場合のものを除く。以下「特定秘密直近適性評価」という。）において特定秘密の取扱いの業務を行った場合にこれを漏らすおそれがないと認められた者（再評価対象者及び特定秘密保護法第12条第１項第３号又は第15条第１項第３号に掲げる者として特定秘密保護法第12条第３項（特定秘密保護法第15条第２項において読み替えて準用する場合を含む。）の規定による告知があった者を除く。）は、当該特定秘密直近適性評価に係る特定秘密保護法第13条第１項（特定秘密保護法第15条第２項において準用する場合を含む。）の規定による通知があった日から５年間に限り、重要経済安保情報の取扱いの業務を行うことができる。

３　特定秘密保護法第16条第１項の規定にかかわらず、行政機関の長及び警察本部長は、重要経済安保情報の取扱いの業務を自ら行わせ、又は適合事業者が行わせるのに必要な限度において、同項に規定する適性評価の結果に係る情報を自ら利用し、又は提供することができるものとする。

４　特定秘密保護法第16条第２項の規定にかかわらず、特定秘密保護法第５条第４項に規定する適合事業者及び特定秘密保護法第16条第２項に規定する事業主は、重要経済安保情報の取扱いの業務を自ら行わせ、又は当該事業主に係る適合事業者が行わせるのに必要な限度において、特定秘密保護法第13条第２項又は第３項の規定により通知された内容（同条第２項に規定する結果に係るものに限る。）を自ら利用し、又は提供することができるものとする。

（行政機関の長による適性評価の実施）

第12条　行政機関の長は、次に掲げる者について、その者が重要経済安保情報の取扱いの業務を行った場合にこれを漏らすおそれがないことについての評価（以下「適性評価」という。）を実施するものとする。

一　当該行政機関の職員（当該行政機関が警察庁である場合にあっては、警察本部長を含む。次号において同じ。）又は当該行政機関との第10条第１項若しくは第２項の契約（同号において「契約」という。）に基づき重要経済安保情報の提供を受け、若しくは重要経済安保情報を保有する適合事業者の従業者として重要経済安保情報の取扱いの業務を新たに行うことが見込まれることとなった者であって、次に掲げるもの以外のもの

イ　当該行政機関の長が直近に実施した適性評価において重要経済安保情報の取扱いの業務を行った場合にこれを漏らすおそれがないと認められた者（第３号において「直近適性評価認定者」という。）のうち、当該適性評価に係る次条第１項の規定による評価対象者への通知があった日から10年を経過していないものであって、引き続き当該おそれがないと認められるもの

ロ　当該行政機関の長が実施した特定秘密直近適性評価において特定秘密の取扱いの業務を行った場合にこれを漏らすおそれがないと認められた者（以下この項において「特定秘密直近適性評価認定者」という。）のうち、当該特定秘密直近適性評価に係る特定秘密保護法第13条第１項の規定による通知があった日から５年を経過していないものであって、引き続き当該おそれがないと認められるもの

二　当該行政機関の職員又は当該行政機関との契約に基づき重要経済安保情報の提供を受け、若しくは重要経済安保情報を保有する適合事業者の従業者として重要経済安保情報の取扱いの業務を現に行う者であって、当該行政機関の長が直近に実施した適性評価に係る次条第１項の規定による評価対象者への通知があった日から10年（特定秘密直近適性評価認定者である者にあっては、当該行政機関の長が実施した特定秘密直近適性評価に係る特定秘密保護法第13条第１項の規定による通知があった日から５年）を経過した日以後重要経済安保情報の取扱いの業務を引き続き行うことが見込まれるもの

三　直近適性評価認定者又は特定秘密直近適性評価認定者であって、引き続き重要経済安保情報を漏らすおそれがないと認めることについて疑いを生じさせる事情があるもの

2　適性評価は、適性評価の対象となる者（以下「評価対象者」という。）について、次に掲げる事項についての調査（以下この条及び第16条第１項において「適性評価調査」という。）を行い、その結果に基づき実施するものとする。

一　重要経済基盤毀損活動（重要経済基盤に関する公になっていない情報のうちその漏えいが我が国の安全保障に支障を与えるおそれがあるものを取得するための活動その他の活動であって、外国の利益を図る目的で行われ、かつ、重要経済基盤に関して我が国及び国民の安全を著しく害し、又は害するおそれのあるもの並びに重要経済基盤に支障を生じさせるための活動であって、政治上その他の主義主張に基づき、国家若しくは他人を当該主義主張に従わせ、又は社会に不安若しくは恐怖を与える目的で行われるものをいう。）との関係に関する事項（評価対象者の家族（配偶者（婚姻の届出をしていないが、事実上婚姻関係と同様の事情にある者を含む。以下この号において同じ。）、父母、子及び兄弟姉妹並びにこれらの者以外の配偶者の父母及び子をいう。以下この号において同じ。）及び同居人（家族を除く。）の氏名、生年月日、国籍（過去に有していた国籍を含む。）及び住所を含む。）

二　犯罪及び懲戒の経歴に関する事項

三　情報の取扱いに係る非違の経歴に関する事項

四　薬物の濫用及び影響に関する事項

五　精神疾患に関する事項

六　飲酒についての節度に関する事項

七　信用状態その他の経済的な状況に関する事項

3　適性評価は、あらかじめ、政令で定めるところにより、次に掲げる事項を評価対象者に対し告知した上で、その同意を得て実施するものとする。ただし、第７項の規定の適用を受けて実施する場合においては、当該告知をすることを要しない。

一　前項各号に掲げる事項について適性評価調査が行われる旨
二　適性評価調査を行うため必要な範囲内において、第６項の規定により質問させ、若しくは資料の提出を求めさせ、又は照会して報告を求めることがある旨
三　評価対象者が第１項第３号に掲げる者であるときは、その旨

4　行政機関の長は、適性評価を実施するときは、第７項の規定の適用を受けて実施される場合を除き、内閣総理大臣に対し、必要な資料を添えて、適性評価調査を行うよう求めるものとする。ただし、当該行政機関の業務の遂行に支障を及ぼすおそれがある場合（当該適性評価が同項の規定の適用を受けて実施される場合を除く。）には、当該行政機関の長が、政令で定めるところにより、自ら適性評価調査を行うものとする。

5　内閣総理大臣は、行政機関の長から前項の規定により適性評価調査を行うよう求められたときは、政令で定めるところにより、当該評価対象者について適性評価調査を行い、当該評価対象者が重要経済安保情報を漏らすおそれに関する意見（第７項において「調査意見」という。）を付して、当該適性評価調査の結果を当該行政機関の長に通知するものとする。

6　適性評価調査を行う内閣総理大臣又は行政機関の長は、適性評価調査を行うため必要な範囲内において、その職員に評価対象者若しくは評価対象者の知人その他の関係者に質問させ、若しくは評価対象者に対し資料の提出を求めさせ、又は公務所若しくは公私の団体に照会して必要な事項の報告を求めることができる。

7　第２項の規定にかかわらず、評価対象者が、適性評価を実施する行政機関の長（以下この項において「実施行政機関の長」という。）以外の行政機関の長又は警察本部長が実施した適性評価（次条第１項（第15条第２項において読み替えて準用する場合を含む。）の規定による通知があった日から10年を経過しておらず、かつ、第５項（第15条第２項において読み替えて準用する場合を含む。）の規定により内閣総理大臣が当該適性評価に係る適性評価調査を行ったものに限り、当該適性評価の後に実施行政機関の長による適性評価が実施された場合のものを除く。）のうち直近のもの（以下この条において「直近他機関適性評価」という。）において重要経済安保情報の取扱いの業務を行った場合にこれを漏らすおそれがないと認められた者である場合において、当該評価対象者について実施行政機関の長が実施する適性評価については、適性評価調査を行わず、直近他機関適性評価において行われた適性評価調査の結果に基づき実施するものとする。この場合において、内閣総理大臣は、実施行政機関の長の求めに応じ、直近他機関適性評価において行われた適性評価調査の結果及びこれに付した調査意見を当該実施行政機関の長に通知するものとする。

8　前項の規定の適用を受けて実施された適性評価を受けた評価対象者に対して行われた次条第１項の規定による通知は、前条第１項並びにこの条第１項第１号イ及び第２号の規定の適用については、直近他機関適性評価の結果について次条第１項（第15条第２項において読み替えて準用する場合を含む。）の規定による評価対象者への通知が行われた日に行われたものとみなす。

（適性評価の結果等の通知）

第13条　行政機関の長は、適性評価を実施したときは、その結果（当該適性評価が前条第７項の規定の適用を受けて実施された場合にあっては、その旨を含む。次項及び次条第１項において同じ。）を評価対象者及び内閣総理大臣に対し通知するものとする。

2　行政機関の長は、適合事業者の従業者について適性評価を実施したときはその結果を、当該従業者が前条第３項の同意をしなかったことにより適性評価が実施されなかったときはその旨を、それぞれ当該適合事業者に対し通知するものとする。

3　前項の規定による通知を受けた適合事業者は、当該評価対象者が当該適合事業者の指揮命令の下に労働する派遣労働者（労働者派遣事業の適正な運営の確保及び派遣労働者の保護等に関する法律（昭和60年法律第88号）第２条第２号に規定する派遣労働者をいう。第16条第２項において同じ。）であるときは、当該通知の内容を当該評価対象者を雇用する事業主に対し通知するものとする。
4　行政機関の長は、第１項の規定により評価対象者に対し重要経済安保情報の取扱いの業務を行った場合にこれを漏らすおそれがないと認められなかった旨を通知するときは、適性評価の円滑な実施の確保を妨げない範囲内において、当該おそれがないと認められなかった理由を併せて通知するものとする。ただし、当該評価対象者があらかじめ当該理由の通知を希望しない旨を申し出た場合は、この限りでない。

（行政機関の長に対する苦情の申出等）
第14条　評価対象者は、前条第１項の規定により通知された適性評価の結果その他当該評価対象者について実施された適性評価について、書面で、行政機関の長に対し、苦情の申出をすることができる。
2　行政機関の長は、前項の苦情の申出を受けたときは、これを誠実に処理し、処理の結果を苦情の申出をした者に通知するものとする。
3　評価対象者は、第１項の苦情の申出をしたことを理由として、不利益な取扱いを受けない。

（警察本部長による適性評価の実施等）
第15条　警察本部長は、次に掲げる者について、適性評価を実施するものとする。
一　当該都道府県警察の職員（警察本部長を除く。次号において同じ。）として重要経済安保情報の取扱いの業務を新たに行うことが見込まれることとなった者であって、次に掲げるもの以外のもの
イ　当該警察本部長が直近に実施した適性評価において重要経済安保情報の取扱いの業務を行った場合にこれを漏らすおそれがないと認められた者（第３号において「直近警察適性評価認定者」という。）のうち、当該適性評価に係る次項において読み替えて準用する第13条第１項の規定による評価対象者への通知があった日から10年を経過していないものであって、引き続き当該おそれがないと認められるもの
ロ　当該警察本部長が実施した特定秘密直近適性評価において特定秘密の取扱いの業務を行った場合にこれを漏らすおそれがないと認められた者（以下この項において「特定秘密直近警察適性評価認定者」という。）のうち、当該特定秘密直近適性評価に係る特定秘密保護法第15条第２項において準用する特定秘密保護法第13条第１項の規定による通知があった日から５年を経過していないものであって、引き続き当該おそれがないと認められるもの
二　当該都道府県警察の職員として重要経済安保情報の取扱いの業務を現に行う者であって、当該警察本部長が直近に実施した適性評価に係る次項において読み替えて準用する第13条第１項の規定による評価対象者への通知があった日から10年（特定秘密直近警察適性評価認定者である者にあっては、当該警察本部長が実施した特定秘密直近適性評価に係る特定秘密保護法第15条第２項において準用する特定秘密保護法第13条第１項の規定による通知があった日から５年）を経過した日以後重要経済安保情報の取扱いの業務を引き続き行うことが見込まれるもの
三　直近警察適性評価認定者又は特定秘密直近警察適性評価認定者であって、引き続き重要経

済安保情報を漏らすおそれがないと認めることについて疑いを生じさせる事情があるもの

2　前３条（第12条第１項並びに第13条第２項及び第３項を除く。）の規定は、前項の規定により警察本部長が実施する適性評価について準用する。この場合において、第12条第３項第３号中「第１項第３号」とあるのは「第15条第１項第３号」と、同条第４項中「内閣総理大臣」とあるのは「警察庁長官を通じて内閣総理大臣」と、「行政機関の業務」とあるのは「都道府県警察の業務」と、同条第５項中「結果を」とあるのは「結果を警察庁長官を通じて」と、同条第７項中「適性評価を実施する行政機関の長（以下この項において「実施行政機関の長」という。）以外の行政機関の長又は警察本部長」とあるのは「行政機関の長又は適性評価を実施する警察本部長（以下この項において「実施警察本部長」という。）以外の警察本部長」と、「実施行政機関の長による」とあるのは「実施警察本部長による」と、「実施行政機関の長が」とあるのは「実施警察本部長が」と、「実施行政機関の長の求め」とあるのは「実施警察本部長が警察庁長官を通じて行う求め」と、「当該実施行政機関の長」とあるのは「警察庁長官を通じて当該実施警察本部長」と、同条第８項中「この条第１項第１号イ」とあるのは「第15条第１項第１号イ」と、第13条第１項中「ものとする」とあるのは「ものとする。この場合において、内閣総理大臣への通知は、警察庁長官を通じて行うものとする」と読み替えるものとする。

（適性評価に関する個人情報の利用及び提供の制限）

第16条　内閣総理大臣並びに行政機関の長及び警察本部長は、重要経済安保情報の保護以外の目的のために、評価対象者が第12条第３項（前条第２項において読み替えて準用する場合を含む。）の同意をしなかったこと、評価対象者についての適性評価の結果その他適性評価又は適性評価調査の実施に当たって取得する個人情報（生存する個人に関する情報であって、当該情報に含まれる氏名、生年月日その他の記述等により特定の個人を識別することができるもの（他の情報と容易に照合することができ、それにより特定の個人を識別することができることとなるものを含む。）をいう。以下この項において同じ。）を自ら利用し、又は提供してはならない。ただし、適性評価又は適性評価調査の実施によって当該個人情報に係る特定の個人が国家公務員法（昭和22年法律第120号）第38条各号、同法第75条第２項に規定する人事院規則の定める事由、同法第78条各号、第79条各号若しくは第82条第１項各号、検察庁法（昭和22年法律第61号）第20条第１項各号、外務公務員法（昭和27年法律第41号）第７条第１項に規定する者、自衛隊法（昭和29年法律第165号）第38条第１項各号、第42条各号、第43条各号若しくは第46条第１項各号、同法第48条第１項に規定する場合若しくは同条第２項各号若しくは第３項各号若しくは地方公務員法（昭和25年法律第261号）第16条各号、第28条第１項各号若しくは第２項各号若しくは第29条第１項各号又はこれらに準ずるものとして政令で定める事由のいずれかに該当する疑いが生じたとき及び特定秘密保護法第12条第４項に基づく照会に対して必要な事項を報告するときは、この限りでない。

2　第13条第２項又は第３項の規定による通知を受けた適合事業者及び適合事業者の指揮命令の下に労働する派遣労働者を雇用する事業主は、重要経済安保情報の保護以外の目的のために、当該通知の内容を自ら利用し、又は提供してはならない。

（権限又は事務の委任）

第17条　内閣総理大臣又は行政機関の長は、政令（内閣の所轄の下に置かれる機関及び会計検査院にあっては、当該機関の命令）で定めるところにより、この章に定める権限又は事務をその職員に委任することができる。

第23条　重要経済安保情報の取扱いの業務に従事する者がその業務により知り得た重要経済安保情報を漏らしたときは、５年以下の拘禁刑若しくは500万円以下の罰金に処し、又はこれを併科する。重要経済安保情報の取扱いの業務に従事しなくなった後においても、同様とする。

２　第４条第５項、第８条、第９条、第10条第５項若しくは第６項又は第18条第４項の規定により提示され、又は提供された重要経済安保情報について、当該提示又は提供の目的である業務により当該重要経済安保情報を知り得た者がこれを漏らしたときは、３年以下の拘禁刑若しくは300万円以下の罰金に処し、又はこれを併科する。第９条第１項第１号ロに規定する場合において提示された重要経済安保情報について、当該重要経済安保情報の提示を受けた者がこれを漏らしたときも、同様とする。

３　前２項の罪の未遂は、罰する。

４　過失により第１項の罪を犯した者は、１年以下の拘禁刑又は30万円以下の罰金に処する。

５　過失により第２項の罪を犯した者は、６月以下の拘禁刑又は20万円以下の罰金に処する。

第27条　第23条の規定は、日本国外において同条の罪を犯した者にも適用する。

２　（略）

別添２－１

適性評価の実施についての同意書

1　私は、【〇〇大臣】が私について重要経済安保情報の保護及び活用に関する法律（令和６年法律第27号。以下「重要経済安保情報保護活用法」といいます。）第12条第１項に規定する適性評価を実施するに当たり、「適性評価の実施に当たってのお知らせ（告知書）」（当該告知書に記載すべき事項を記録した電磁的記録を含む。）の交付を受け、次に掲げる事項について告知を受けました。

(1)　適性評価において、【内閣総理大臣又は〇〇大臣】が、重要経済安保情報保護活用法第12条第２項各号に掲げる事項（①重要経済基盤毀損活動との関係に関する事項、②犯罪及び懲戒の経歴に関する事項、③情報の取扱いに係る非違の経歴に関する事項、④薬物の濫用及び影響に関する事項、⑤精神疾患に関する事項、⑥飲酒についての節度に関する事項、⑦信用状態その他の経済的な状況に関する事項）について調査すること。

(2)　【内閣総理大臣又は〇〇大臣】が(1)の調査を行うため必要な範囲内において、適性評価における調査を担当する職員に私若しくは私の知人その他の関係者に質問させ、若しくは私に資料の提出を求めさせ、又は公務所若しくは公私の団体に照会して必要な事項の報告を求めることがあること。

［(3)　重要経済安保情報保護活用法第12条第１項第３号に該当する者として適性評価を実施しようとすること。※該当する場合に追記］

2　私は、１に掲げる事項の告知を受けた上で、次に掲げる事項に同意します。

(1)　【〇〇大臣】が私について適性評価を実施すること。

(2)　(1)の適性評価のため、重要経済安保情報保護活用法第12条第２項各号に掲げる事項について調査を行うこと。

(3)　【内閣総理大臣又は〇〇大臣】が(2)の調査を行うため必要な範囲内において、適性評価における調査を担当する職員に私若しくは私の知人その他の関係者に質問させ、若しくは私に資料の提出を求めさせ、又は公務所若しくは公私の団体に照会して必要な事項の報告を求めること。

(4)　(3)の場合において、私が、質問に対して可能な限り正確かつ誠実に答え、また、求められた資料を迅速にかつ可能な限り提出するなど、調査に対して必要な協力を行うこと。

(5)　適性評価の実施に当たって取得した情報（保存期間を満了し、廃棄されたものは除く。）は、今後、私についての適性評価を他の行政機関で改めて実施することとなった場合において、当該他の行政機関での適性評価の実施に必要な範囲内で、当該他の行政機関の長に対し、提供されることがあること。

　　　年　　　月　　　日　　　　　　氏名＿＿＿＿＿＿＿＿＿＿＿＿＿＿

下記事項についても記載し、又は記録してください。

※　適性評価の結果、重要経済安保情報の取扱いの業務を行った場合にこれを漏らすおそれがないと認められなかった場合に、理由の通知を受けることを希望しない場合には、以下のチェック欄にチェックをしてください。

□　今回の適性評価の結果、仮に、私が重要経済安保情報の取扱いの業務を行った場合にこれを漏らすおそれがないと認められなかった場合には、その理由の通知を受けることを希望しません。

別添２－２

公務所又は公私の団体への照会等についての同意書

１　私は、【○○大臣】が私について重要経済安保情報の保護及び活用に関する法律（令和６年法律第27号。以下「重要経済安保情報保護活用法」といいます。）第12条第１項に規定する適性評価を実施するに当たり、「適性評価の実施に当たってのお知らせ（告知書）」（当該告知書に記載すべき事項を記録した電磁的記録を含む。）の交付を受け、次に掲げる事項について告知を受けました。

(1)　適性評価において、【内閣総理大臣又は○○大臣】が、重要経済安保情報保護活用法第12条第２項各号に掲げる事項（①重要経済基盤毀損活動との関係に関する事項、②犯罪及び懲戒の経歴に関する事項、③情報の取扱いに係る非違の経歴に関する事項、④薬物の濫用及び影響に関する事項、⑤精神疾患に関する事項、⑥飲酒についての節度に関する事項、⑦信用状態その他の経済的な状況に関する事項）について調査すること。

(2)　【内閣総理大臣又は○○大臣】が(1)の調査を行うため必要な範囲内において、適性評価における調査を担当する職員に私若しくは私の知人その他の関係者に質問させ、若しくは私に資料の提出を求めさせ、又は公務所若しくは公私の団体に照会して必要な事項の報告を求めることがあること。

２　私は、１に掲げる事項の告知を受けた上で、次に掲げる事項に同意します。

(1)　私についての適性評価において、【内閣総理大臣又は○○大臣】が重要経済安保情報保護活用法第12条第２項各号に掲げる事項について調査を行うため必要な範囲内において、同条第６項の規定に基づき、適性評価における調査を担当する職員が、私の知人その他の関係者に質問すること及びこの場合において、当該関係者が必要な事項を当該職員に回答すること。

(2)　私についての適性評価において、【内閣総理大臣又は○○大臣】が重要経済安保情報保護活用法第12条第２項各号に掲げる事項について調査を行うため必要な範囲内において、同条第６項の規定に基づき、国及び地方の行政機関、信用情報機関、医療機関その他の公務所又は公私の団体に照会して必要な事項の報告を求めること及びこの場合において、これらの公務所又は公私の団体が私の個人情報を含む必要な事項を報告すること。

(3)　(1)又は(2)の場合に、この同意書の写しを照会先等に提示又は交付して、私の同意があった旨を明らかにすること。

年　　月　　日　　　　　　氏名＿＿＿＿＿＿＿＿＿＿

別添２－３

適性評価の実施についての同意書(第 12 条第７項)

あなたは、重要経済安保情報の保護及び活用に関する法律（令和６年法律第27号）に基づいて実施される適性評価の対象者となりました。あなたは直近の【○○大臣】による適性評価において重要経済安保情報を漏らすおそれがないと認められたため、今回の適性評価では、同法第12条第７項に基づき、適性評価調査を行わず直近の適性評価調査に基づいて実施することになります。

あなたを対象とした適性評価を実施することに同意する場合は、この「適性評価の実施についての同意書（第12条第７項）」を、同意しない場合は「適性評価の実施についての不同意書（第12条第７項）」を提出してください。

なお、同意は、同意書を提出した後であっても、適性評価の結果が通知されるまでの間は、いつでも取り下げることができます。この場合には、同意を取り下げることを適性評価実施担当者に連絡の上、「適性評価の実施についての同意の取下書（第12条第７項）」で通知していただきます。

私は、適性評価の対象者となったことなどについて理解した上で、次に掲げる事項について同意します。

１　【○○大臣】が私について適性評価を実施すること。
２　適性評価の実施に当たって取得した情報(保存期間を満了し、廃棄されたものは除く。)は、今後、私についての適性評価を他の行政機関で改めて実施することとなった場合において、当該他の行政機関での適性評価の実施に必要な範囲内で、当該他の行政機関の長に対し、提供されることがあること。

年　　月　　日　　　　　　氏名＿＿＿＿＿＿＿＿＿＿＿＿

下記事項についても記載し、又は記録してください。

※　適性評価の結果、重要経済安保情報の取扱いの業務を行った場合にこれを漏らすおそれがないと認められなかった場合に、理由の通知を受けることを希望しない場合には、以下のチェック欄にチェックをしてください。

□　今回の適性評価の結果、仮に、私が重要経済安保情報の取扱いの業務を行った場合にこれを漏らすおそれがないと認められなかった場合には、その理由の通知を受けることを希望しません。

別添３－１

適性評価の実施についての不同意書

1　私は、【○○大臣】が私について重要経済安保情報の保護及び活用に関する法律（令和６年法律第27号。以下「重要経済安保情報保護活用法」といいます。）第12条第１項に規定する適性評価を実施するに当たり、「適性評価の実施に当たってのお知らせ（告知書）」の交付を受け、次に掲げる事項について告知を受けました。

（1）　適性評価において、【○○大臣】が、重要経済安保情報保護活用法第12条第２項各号に掲げる事項（①重要経済基盤毀損活動との関係に関する事項、②犯罪及び懲戒の経歴に関する事項、③情報の取扱いに係る非違の経歴に関する事項、④薬物の濫用及び影響に関する事項、⑤精神疾患に関する事項、⑥飲酒についての節度に関する事項、⑦信用状態その他の経済的な状況に関する事項）について調査すること。

（2）　【○○大臣】が(1)の調査を行うため必要な範囲内において、適性評価における調査を担当する職員に私若しくは私の知人その他の関係者に質問させ、若しくは私に資料の提出を求めさせ、又は公務所若しくは公私の団体に照会して必要な事項の報告を求めることがあること。

（3）　重要経済安保情報保護活用法第12条第１項第３号に該当する者として適性評価を実施しようとすること。※該当する場合に追記

2　私は、【○○大臣】が私について適性評価を実施することに同意しなかった場合、重要経済安保情報の取扱いの業務に従事できないことについて理解しています。

　また、私が重要経済安保情報の取扱いの業務に従事できない結果、重要経済安保情報の取扱いの業務が予定されないポストに配置換となること等があることについても理解しています。

　さらに、【○○大臣】から私を雇用する事業者【と派遣先の事業者※従業者が派遣労働者である場合に追記】に対し、私が適性評価を実施することに同意しなかったことにより、適性評価が実施されなかった旨の通知がなされることについても理解しています。※従業者の場合に追記

3　私は、【○○大臣】が私について適性評価を実施することに同意しません。

年　　月　　日　　　　氏名＿＿＿＿＿＿＿＿

別添３－２

適性評価の実施についての不同意書（第12条第７項）

１　私は、【○○大臣】が私について適性評価を実施することに同意しなかった場合、重要経済安保情報の取扱いの業務に従事できないことについて理解しています。

　また、私が重要経済安保情報の取扱いの業務に従事できない結果、重要経済安保情報の取扱いの業務が予定されないポストに配置換となること等があることについても理解しています。

　さらに、【○○大臣】から私を雇用する事業者【と派遣先の事業者※従業者が派遣労働者である場合に追記】に対し、私が適性評価を実施することに同意しなかったことにより、適性評価が実施されなかった旨の通知がなされることについても理解しています。※従業者の場合に追記

２　私は、【○○大臣】が私について適性評価を実施することに同意しません。

　　　　年　　　月　　　日　　　　　　氏名＿＿＿＿＿＿＿＿＿＿＿＿

別添４－１

年　　月　　日

【○○大臣】　殿

氏　名

適性評価の実施についての同意の取下書

私は、　　年　　月　　日付けで「適性評価の実施についての同意書」を、　　年　　月　　日付けで「公務所又は公私の団体への照会等についての同意書」を提出しましたが、これら同意を取り下げます。

別添４－２

年　　月　　日

【○○大臣】　殿

氏　名

適性評価の実施についての同意の取下書(第12条第７項)

私は、　　年　　月　　日付けで「適性評価の実施についての同意書」を提出しましたが、同意を取り下げます。

別添５

関係者以外閲覧禁止（作成後）

質問票（適性評価）

内閣府（○○省）

はじめに

1	この質問票は、適性評価の実施に同意した場合に記載し、又は記録するものです。
2	この質問票(保存期間を満了し、廃棄等されたものを除く。)に記載又は記録された事項は、内閣総理大臣による適性評価調査又は行政機関の長による適性評価に利用されるほか、今後、他の行政機関において改めて適性評価を実施することとなった場合において、他の行政機関での適性評価の実施に必要な範囲内で、当該他の行政機関の長に対し、提供されることがあります。
3	この質問票は、必要事項を記載し、又は記録した上で、適性評価調査を実施する以下の担当者に提出してください。
4	適性評価を実施することへの同意を取り下げる場合には、「適性評価の実施についての同意の取下書」に必要事項を記載し、又は記録して、以下の担当者に提出してください。書面で提出する際は、封筒に入れて封をした上で提出してください。この質問票は、あなたが自由に処分してかまいません。

記載又は記録要領

1	質問票には、あなたが確認できる限りの事実をできるだけ具体的に、漏れなくかつ正確に記載し、又は記録をしてください。事実関係の確認ができない事項については、「不明」と記載し、又は記録してください。記載又は記録に不備がある場合には、適性評価調査の担当者から連絡することがあります。
2	正当な理由なく、記載し、又は記録すべき事項を記載しない場合や虚偽の記載又は記録をしたことが確認された場合には、適性評価の結果に影響を及ぼすことがあります。
3	記載スペースが足りない場合は、各様式の下部にある備考欄を利用して記載し、又は記録してください。
4	質問票を提出する際は、後日の質問に答えるために、控えをとっておいてもかまいません。

回答欄に関する留意事項

ピンク	の部分は、全ての方に記載又は記録していただくべき項目
ブルー	の部分は、項目に該当する方（例えば旧姓のある方）のみ記載又は記録していただくべき項目
白	の部分は、他の項目の回答によって記載又は記録していただくべき項目 （電子ファイルに記録される場合には、自動でピンク又はブルーに色が変わります。）

今回の適性評価調査について不明な点がある場合には、以下の担当者までお問い合わせください。

＜担当＞
省　局　課
住　所
電　話
電子メール

1　基本事項

今後、面接等の際に、本人確認の書類等の提示や提出を求めることがあります。
また、この欄に記載し、又は記録した学校や事業者等に問い合わせることがあります。

（1）勤務先	勤務先・所属部署名	
	入省・入社年（西暦）	
	役職・階級	
	番号 ※ 職員番号、認識番号等あなたの勤務先において個人を特定する番号があれば記載又は記録してください。 ※ 該当するものがない場合は記載又は記録は不要です。	
	派遣元事業主名（派遣労働者のみ）	
（2）氏名	ふりがな	
	氏名	
	アルファベット表記	
（3）生年月日	生年月日（西暦）	
	生年月日（和暦）	
	年齢（歳）	
（4）性別		
（5）旧姓・通称	ふりがな	
	旧姓・通称	
（6）住所	ふりがな	
	現住所	
（7）本籍	ふりがな	
	本籍	
（8）日本国籍	日本国籍の有無	
（9）帰化歴	帰化歴の有無	
	帰化年月日（西暦）	
	元国籍名	
	帰化時の住所	
（10）外国籍	外国籍の有無	
	国籍名/元国籍名	
	有していた期間（西暦）	～
（11）連絡先	電話番号（職場）	
	電話番号（自宅）	
	電話番号（携帯電話）	
	電子メール（職場）	
	電子メール（自宅）	
	電子メール（携帯電話）	
	あなたへの連絡が必要な場合に、あなたが希望する連絡手段を上記のうちから選んで記載又は記録してください。 （極力希望した連絡手段により連絡を行いますが、場合によっては他の手段によることもあり得ます。）。	

（12）職歴	現在の勤務先以外の職歴がありますか。 ※過去10年以内 ・他機関・他社等に出向した経歴を含みます。 ・派遣労働者として複数の派遣先で勤務したとしても、派遣元事業主について記載し、又は記録すれば足ります。 ・自営業も含みます。 ・アルバイトも職歴に含まれますが、１月未満のものは除きます。		
	①	勤務先名称	
		所在地（外国に所在する場合は国名も記載）	
		電話番号	
		勤務期間	～
		離職理由	
	②	勤務先名称	
		所在地（外国に所在する場合は国名も記載）	
		電話番号	
		勤務期間	～
		離職理由	
	③	勤務先名称	
		所在地（外国に所在する場合は国名も記載）	
		電話番号	
		勤務期間	～
		離職理由	
	④	勤務先名称	
		所在地（外国に所在する場合は国名も記載）	
		電話番号	
		勤務期間	～
		離職理由	
	⑤	勤務先名称	
		所在地（外国に所在する場合は国名も記載）	
		電話番号	
		勤務期間	～
		離職理由	

(13) 学歴	現在の勤務先で雇用されるまでの間に、高等学校、高等専門学校、専修学校、大学、大学院等に通学したことがありますか。 ※過去10年以内（中学校以前を除く）		
	①	学校名	
		学部・学科名	
		所在地（外国に所在する場合は国名も記載）	
		電話番号	
		在籍期間	～
		備考（卒業・修了・中退）	
		中退の理由	
	②	学校名	
		学部・学科名	
		所在地（外国に所在する場合は国名も記載）	
		電話番号	
		在籍期間	～
		備考（卒業・修了・中退）	
		中退の理由	
	③	学校名	
		学部・学科名	
		所在地（外国に所在する場合は国名も記載）	
		電話番号	
		在籍期間	～
		備考（卒業・修了・中退）	
		中退の理由	
備考 ※書き切れない項目については右の欄に記載し、又は記録してください。			

2　家族・同居人の氏名等

本項目では、あなたの家族及び同居人の氏名、生年月日、国籍及び住所について記載し、又は記録します。これら調査事項として明記されている事項以外の事項について調査することはありません。

これらを調査するのは、あなたに対する外国の情報機関等からの働き掛けの有無を確認する上での参考とするためです。なお、様式は【１】配偶者、【２】父母・子等、【３】同居人　の３つに分かれているため、該当の様式を必要な人数分使用し、必要事項を記載し、又は記録してください。

【1】配偶者

（1）現在の配偶者の有無		
（2）氏名	ふりがな	
	氏名	
（3）生年月日	生年月日（西暦）	
	年齢（歳）	
（4）性別		
（5）旧姓・通称	ふりがな	
	旧姓・通称	
（6）住所	ふりがな	
	現住所	
（7）日本国籍	日本国籍の有無	
（8）帰化歴	帰化歴の有無	
	帰化年月日（西暦）	
	元国籍名	
	帰化時の住所	
（9）外国籍	外国籍の有無	
	国籍名/元国籍名	
	有していた期間（西暦）	～
備考 ※書き切れない項目については右の欄に記載し、又は記録してください。		

【2】父母・子等

あなたの父母、子、兄弟姉妹とあなたの配偶者の父母、子（あなたの子を除きます。）について、以下の項目を記載、又は記録してください。死亡している場合は、生前の状況について以下の項目を記載又は記録の上、備考に「死亡」と記載し、又は記録してください。

ここでの「あなたの父母、子、兄弟姉妹」には、あなたの養父母、養子、異父母兄弟姉妹が含まれ、「配偶者の父母、子」には、あなたの配偶者の養父母、養子が含まれます。

※続柄欄は、あなたの父、あなたの母、あなたの子、あなたの兄弟姉妹、配偶者の父、配偶者の母、配偶者の子から選択してください。

※上記以外の親族について、同居している場合には、【3】同居人に記載し、又は記録してください。（同居していない場合、記載又は記録は不要です。）

①

（1）続柄		
（2）氏名	ふりがな	
	氏名	
（3）生年月日	生年月日（西暦）	
	年齢（歳）	
（4）性別		
（5）旧姓・通称	ふりがな	
	旧姓・通称	
（6）住所	ふりがな	
	現住所	
（7）日本国籍	日本国籍の有無	
（8）帰化歴	帰化歴の有無	
	帰化年月日（西暦）	
	元国籍名	
	帰化時の住所	
（9）外国籍	外国籍の有無	
	国籍名/元国籍名	
	有していた期間（西暦）	～
備考 ※書き切れない項目については右の欄に記載し、又は記録してください。		

②

（1）続柄		
（2）氏名	ふりがな	
	氏名	
（3）生年月日	生年月日（西暦）	
	年齢（歳）	
（4）性別		
（5）旧姓・通称	ふりがな	
	旧姓・通称	
（6）住所	ふりがな	
	現住所	
（7）日本国籍	日本国籍の有無	
（8）帰化歴	帰化歴の有無	
	帰化年月日（西暦）	
	元国籍名	
	帰化時の住所	
（9）外国籍	外国籍の有無	
	国籍名/元国籍名	
	有していた期間（西暦）	〜
備考 ※書き切れない項目については右の欄に記載し、又は記録してください。		

③

（1）続柄		
（2）氏名	ふりがな	
	氏名	
（3）生年月日	生年月日（西暦）	
	年齢（歳）	
（4）性別		
（5）旧姓・通称	ふりがな	
	旧姓・通称	
（6）住所	ふりがな	
	現住所	
（7）日本国籍	日本国籍の有無	
（8）帰化歴	帰化歴の有無	
	帰化年月日（西暦）	
	元国籍名	
	帰化時の住所	
（9）外国籍	外国籍の有無	
	国籍名/元国籍名	
	有していた期間（西暦）	～
備考 ※書き切れない項目については右の欄に記載し、又は記録してください。		

④

（1）続柄		
（2）氏名	ふりがな	
	氏名	
（3）生年月日	生年月日（西暦）	
	年齢（歳）	
（4）性別		
（5）旧姓・通称	ふりがな	
	旧姓・通称	
（6）住所	ふりがな	
	現住所	
（7）日本国籍	日本国籍の有無	
（8）帰化歴	帰化歴の有無	
	帰化年月日（西暦）	
	元国籍名	
	帰化時の住所	
（9）外国籍	外国籍の有無	
	国籍名/元国籍名	
	有していた期間（西暦）	～
備考 ※書き切れない項目については右の欄に記載し、又は記録してください。		

⑤

（1）続柄		
（2）氏名	ふりがな	
	氏名	
（3）生年月日	生年月日（西暦）	
	年齢（歳）	
（4）性別		
（5）旧姓・通称	ふりがな	
	旧姓・通称	
（6）住所	ふりがな	
	現住所	
（7）日本国籍	日本国籍の有無	
（8）帰化歴	帰化歴の有無	
	帰化年月日（西暦）	
	元国籍名	
	帰化時の住所	
（9）外国籍	外国籍の有無	
	国籍名/元国籍名	
	有していた期間（西暦）	～
備考 ※書き切れない項目については右の欄に記載し、又は記録してください。		

⑥

（1）続柄		
（2）氏名	ふりがな	
	氏名	
（3）生年月日	生年月日（西暦）	
	年齢（歳）	
（4）性別		
（5）旧姓・通称	ふりがな	
	旧姓・通称	
（6）住所	ふりがな	
	現住所	
（7）日本国籍	日本国籍の有無	
（8）帰化歴	帰化歴の有無	
	帰化年月日（西暦）	
	元国籍名	
	帰化時の住所	
（9）外国籍	外国籍の有無	
	国籍名/元国籍名	
	有していた期間（西暦）	～
備考 ※書き切れない項目については右の欄に記載し、又は記録してください。		

⑦

(1) 続柄		
(2) 氏名	ふりがな	
	氏名	
(3) 生年月日	生年月日（西暦）	
	年齢（歳）	
(4) 性別		
(5) 旧姓・通称	ふりがな	
	旧姓・通称	
(6) 住所	ふりがな	
	現住所	
(7) 日本国籍	日本国籍の有無	
(8) 帰化歴	帰化歴の有無	
	帰化年月日（西暦）	
	元国籍名	
	帰化時の住所	
(9) 外国籍	外国籍の有無	
	国籍名/元国籍名	
	有していた期間（西暦）	〜
備考 ※書き切れない項目については右の欄に記載し、又は記録してください。		

⑧

（1）続柄		
（2）氏名	ふりがな	
	氏名	
（3）生年月日	生年月日（西暦）	
	年齢（歳）	
（4）性別		
（5）旧姓・通称	ふりがな	
	旧姓・通称	
（6）住所	ふりがな	
	現住所	
（7）日本国籍	日本国籍の有無	
（8）帰化歴	帰化歴の有無	
	帰化年月日（西暦）	
	元国籍名	
	帰化時の住所	
（9）外国籍	外国籍の有無	
	国籍名/元国籍名	
	有していた期間（西暦）	～
備考 ※書き切れない項目については右の欄に記載し、又は記録してください。		

⑨

（1）続柄		
（2）氏名	ふりがな	
	氏名	
（3）生年月日	生年月日（西暦）	
	年齢（歳）	
（4）性別		
（5）旧姓・通称	ふりがな	
	旧姓・通称	
（6）住所	ふりがな	
	現住所	
（7）日本国籍	日本国籍の有無	
（8）帰化歴	帰化歴の有無	
	帰化年月日（西暦）	
	元国籍名	
	帰化時の住所	
（9）外国籍	外国籍の有無	
	国籍名/元国籍名	
	有していた期間（西暦）	～
備考 ※書き切れない項目については右の欄に記載し、又は記録してください。		

⑩

（1）続柄		
（2）氏名	ふりがな	
	氏名	
（3）生年月日	生年月日（西暦）	
	年齢（歳）	
（4）性別		
（5）旧姓・通称	ふりがな	
	旧姓・通称	
（6）住所	ふりがな	
	現住所	
（7）日本国籍	日本国籍の有無	
（8）帰化歴	帰化歴の有無	
	帰化年月日（西暦）	
	元国籍名	
	帰化時の住所	
（9）外国籍	外国籍の有無	
	国籍名/元国籍名	
	有していた期間（西暦）	～
備考 ※書き切れない項目については右の欄に記載し、又は記録してください。		

⑪

（1）続柄		
（2）氏名	ふりがな	
	氏名	
（3）生年月日	生年月日（西暦）	
	年齢（歳）	
（4）性別		
（5）旧姓・通称	ふりがな	
	旧姓・通称	
（6）住所	ふりがな	
	現住所	
（7）日本国籍	日本国籍の有無	
（8）帰化歴	帰化歴の有無	
	帰化年月日（西暦）	
	元国籍名	
	帰化時の住所	
（9）外国籍	外国籍の有無	
	国籍名/元国籍名	
	有していた期間（西暦）	～
備考 ※書き切れない項目については右の欄に記載し、又は記録してください。		

⑫

（1）続柄		
（2）氏名	ふりがな	
	氏名	
（3）生年月日	生年月日（西暦）	
	年齢（歳）	
（4）性別		
（5）旧姓・通称	ふりがな	
	旧姓・通称	
（6）住所	ふりがな	
	現住所	
（7）日本国籍	日本国籍の有無	
（8）帰化歴	帰化歴の有無	
	帰化年月日（西暦）	
	元国籍名	
	帰化時の住所	
（9）外国籍	外国籍の有無	
	国籍名/元国籍名	
	有していた期間（西暦）	～
備考 ※書き切れない項目については右の欄に記載し、又は記録してください。		

【３】同居人

現在、【１】配偶者及び【２】父母・子等に記載し、又は記録した人以外の人で、あなたと同居している人がいますか。
「同居」とは、同一の住居で日常生活を共にしている状態を指します。家計は別でも食事を共にしているなど共同生活の実態がある場合はこれに含まれます。企業等の独身寮や社員寮における共同生活は含まれません。
同一の家屋であっても、中が壁等で仕切られており、家計、炊事等を一切別個にしていて全くの別世帯とみなされるものは含まれません。

（１）同居人の有無		
（２）氏名	ふりがな	
	氏名	
（３）生年月日	生年月日（西暦）	
	年齢（歳）	
（４）性別		
（５）旧姓・通称	ふりがな	
	旧姓・通称	
（６）日本国籍	日本国籍の有無	
（７）帰化歴	帰化歴の有無	
	帰化年月日（西暦）	
	元国籍名	
	帰化時の住所	
（８）外国籍	外国籍の有無	
	国籍名/元国籍名	
	有していた期間（西暦）	～
備考 ※書き切れない項目については右の欄に記載し、又は記録してください。		

3　重要経済基盤毀損活動との関係

「重要経済基盤毀損活動」とは、公になっていない情報のうちその漏えいが我が国の安全保障に支障を与えるおそれがあるものを取得するための活動その他の活動であって、外国の利益を図る目的で行われ、かつ、重要経済基盤に関して我が国及び国民の安全を著しく害し、又は害するおそれのあるもの（重要経済安保情報を標的としたいわゆるスパイ活動等）や、重要経済基盤に支障を生じさせるための活動であって、政治上その他の主義主張に基づき、国家若しくは他人を当該主義主張に従わせ、又は社会に不安若しくは恐怖を与える目的で行われるもの（重要経済基盤を標的とするいわゆるテロリズム）を指します。
スパイ活動等において取得の対象となる情報としては、重要経済基盤に関し政府の保有する情報で我が国及び国民の安全を確保する観点から保護すべきものが想定される他、政府が関知するに至っている民間保有の機微な情報でその漏えいが我が国及び国民の安全の確保に支障を与えるおそれがあるもの（例えば、我が国における重要物資のサプライチェーン上の脆弱性に関する情報）も含まれ得ます。

本項目では、重要経済基盤毀損活動を行ったことがある、あるいは、支援したことがあるか、重要経済基盤毀損活動を行う団体のメンバーだったことがある、あるいは、現在メンバーであるか、こうした団体を支援したことがある、あるいは、現在支援しているか、外国との関係を含め、こうした団体から働き掛けを受けた場合に協力せざるを得ない関係になっていないかについて質問します。
なお、外国との関係について何らかの記載又は記録をしたからといって、重要経済基盤毀損活動との関係があると直ちに判断されるものではありません。

（1）重要経済基盤毀損活動との関係	重要経済基盤毀損活動を行ったことがある、あるいは、こうした活動を支援したことがありますか。 「支援」とは、例えば、活動内容を知りながら、その活動を容易にするために、金銭や場所等を提供することをいいます。	
	該当期間	
	～	
	あなたが行った活動・支援の具体的内容	
	活動・支援を行った理由	
	重要経済基盤毀損活動を行う団体のメンバーだったことがある、あるいは、現在、メンバーですか。	
	該当期間	
	～	
	団体の名称	
	団体の所在地	
	団体の設立目的・団体の主な活動	
	あなたと団体との関わり・あなたがメンバーだった／メンバーである理由	
	重要経済基盤毀損活動を行う団体を支援したことがある、あるいは、現在、支援していますか。	
	該当期間	
	～	
	団体の名称	
	団体の所在地	
	団体の設立目的・団体の主な活動	
	あなたと団体との関わり・あなたが支援した／支援している理由	

（２）外国政府等との関係	業務上必要と認められる場合を除き、日本の国内外を問わず、繰り返し連絡を取ったり、会ったりしている外国政府若しくはその関係機関の職員又はこれらの機関の関係者（日本人を含みます。）がいますか。※過去10年以内		
	①	氏名	
		相手国名	
		相手機関名	
		連絡を取っている期間	
		～	
		連絡等の頻度	
		連絡等の場所・方法	
		連絡等の目的・具体的内容	
	②	氏名	
		相手国名	
		相手機関名	
		連絡を取っている期間	
		～	
		連絡等の頻度	
		連絡等の場所・方法	
		連絡等の目的・具体的内容	
（３）来日外国人への援助等	来日する外国人に対し、身元の保証、住居の提供その他これらに類する援助を行ったことがありますか。※過去10年以内 ・「２家族・同居人の氏名等」で回答した家族・同居人を除きます。 ・観光旅行等短期間の滞在において自宅に宿泊させる場合は除きます。		
	氏名		
	国籍		
	来日目的		
	来日期間		
	～		
	現住所		
	援助の具体的内容・援助した理由		

（4）影響のある外国人との関係	あなたに経済的な援助を行ったり、経済的な援助以外に便宜を図ったり、繰り返し飲食接待を行ったりすることにより、あなたの業務に影響を及ぼす可能性のある外国人がいますか。※過去10年以内 ・「２家族・同居人の氏名等」及び上記の(2)(3)に記載し、又は記録した人物を除きます。	
	①	氏名
		国籍
		居住国
		職業
		その人との関係（職務上・プライベート・その他（具体的に））
		連絡を取っている期間
		～
		連絡頻度
		連絡手段（対面、電話、手紙等）
	②	氏名
		国籍
		居住国
		職業
		その人との関係（職務上・プライベート・その他（具体的に））
		連絡を取っている期間
		～
		連絡頻度
		連絡手段（対面、電話、手紙等）

（5）外国政府の職員等からの依頼や誘い	国内外において、外国政府の職員や外国人から、助言・協力の依頼や、顧問就任の依頼といった何らかの依頼を受けたり、転職や仕事の誘いを持ちかけられたことがありますか。※過去10年以内 ・職務上の関係を有する人から職務の一環で助言等の依頼を受けた場合を除きます。	
	氏名	
	国籍	
	所属先	
	依頼や誘いを受けた時期	
	～	
	依頼や誘いを受けた場所	
	依頼や誘いの具体的内容	

（6）外国の金融機関の口座の保有	外国に所在する金融機関に口座を保有していますか。 ・在外勤務に伴う現地での生活のために現に必要な口座や、過去10年以上取引実績のない預金口座（いわゆる休眠預金口座）を除きます。	
	①	国名
		金融機関名
		保有の理由
		残高
	②	国名
		金融機関名
		保有の理由
		残高
	③	国名
		金融機関名
		保有の理由
		残高
（7）外国の不動産の保有	外国に不動産を保有していますか。	
	①	不動産の種類（マンション・土地等）
		取得時期（年・月）
		所在地（国名も記載）
		資産評価額
		保有するに至った理由
	②	不動産の種類（マンション・土地等）
		取得時期（年・月）
		所在地（国名も記載）
		資産評価額
		保有するに至った理由

（8）外国政府機関からの給付や免除	外国政府機関から、教育、医療、社会福祉等に関し、何らかの給付（奨学金、年金等）や免除を受けたことがありますか。 ※過去10年以内	
	給付・免除の類型	
	給付・免除の提供国	
	給付・免除の具体的内容	
	提供期間	
	〜	
	提供された理由	
（9）外国政府が発行した旅券の保有	外国政府が発行した旅券を保有している、又は保有していたことがありますか。※過去10年以内	
	旅券上の氏名	
	旅券発行国	
	旅券番号	
	旅券発行日（年・月）	
（10）海外への居住又は渡航	海外に居住又は渡航（職務上の出張を除きます。）をしたことがありますか。※過去10年以内	
	①	居住又は渡航国・都市名
		居住又は渡航の期間
		〜
		居住又は渡航の目的
	②	居住又は渡航国・都市名
		居住又は渡航の期間
		〜
		居住又は渡航の目的
	③	居住又は渡航国・都市名
		居住又は渡航の期間
		〜
		居住又は渡航の目的
	④	居住又は渡航国・都市名
		居住又は渡航の期間
		〜
		居住又は渡航の目的

	⑤	居住又は渡航国・都市名
		居住又は渡航の期間
		～
		居住又は渡航の目的
	⑥	居住又は渡航国・都市名
		居住又は渡航の期間
		～
		居住又は渡航の目的
	⑦	居住又は渡航国・都市名
		居住又は渡航の期間
		～
		居住又は渡航の目的
	⑧	居住又は渡航国・都市名
		居住又は渡航の期間
		～
		居住又は渡航の目的
	⑨	居住又は渡航国・都市名
		居住又は渡航の期間
		～
		居住又は渡航の目的
	⑩	居住又は渡航国・都市名
		居住又は渡航の期間
		～
		居住又は渡航の目的
	⑪	居住又は渡航国・都市名
		居住又は渡航の期間
		～
		居住又は渡航の目的
備考 ※書き切れない項目については右の欄に記載し、又は記録してください。		

4　犯罪及び懲戒の経歴

本項目のうち、犯罪の経歴については、あなたが過去に罪を犯し、有罪の判決（執行猶予が付いているものも含みます。）を受けたことがあるかを記載し、又は記録します。ただし、少年審判の結果として受けた処分については、本項目には含まれません。
また、懲戒の経歴については、職業上の懲戒処分に限定され、学校教育法上の懲戒は含まれません。

※情報の取扱いに係る懲戒処分を受けた場合は、　「５情報の取扱いに係る非違の経歴」　に記載し、又は記録してください。

（1）犯罪経歴	罪を犯し、有罪の判決を受けたことがありますか。	
	罪名	
	犯罪行為の時期（年・月）	
	犯罪行為の動機と具体的内容	
	判決日（年・月・日）	
	判決内容	
	管轄裁判所名（国外での犯罪経歴の場合は国名も記載又は記録）	
（2）懲戒処分	職業上の懲戒処分を受けたことがありますか。	
	懲戒処分の対象となった行為の時期（年・月）	
	懲戒処分の対象となった行為の動機と具体的な内容	
	懲戒処分の時期（年・月）	
	懲戒処分の内容	
備考 ※書き切れない項目については右の欄に記載し、又は記録してください。		

5　情報の取扱いに係る非違の経歴

<table>
<tr><td rowspan="9">情報の取扱いに係る非違の経歴</td><td>業務上、秘密を部外に漏らしたり、秘密文書を紛失したり、使用を禁じられた記録媒体に情報を保存したり、必要な手続を経ずに文書を複写したり、職務に関連した事項をインターネット上のサイトに公表したりするなどして、文書やシステムの管理に関する規則等に違反し、懲戒処分を受けたり、懲戒処分には至らない内部規則等に基づく指導監督上の措置（訓告、厳重注意等）を受けたりしたことがありますか。</td><td></td></tr>
<tr><td colspan="2">非違行為の時期（年・月）</td></tr>
<tr><td colspan="2"></td></tr>
<tr><td colspan="2">非違行為の動機と具体的な内容</td></tr>
<tr><td colspan="2"></td></tr>
<tr><td colspan="2">処分等の時期（年・月）</td></tr>
<tr><td colspan="2"></td></tr>
<tr><td colspan="2">処分等の内容</td></tr>
<tr><td colspan="2"></td></tr>
<tr><td>備考
※書き切れない項目については右の欄に記載し、又は記録してください。</td><td colspan="2"></td></tr>
</table>

6　薬物の濫用及び影響

本項目においては、所持や使用等が禁止されている薬物を所持したり、使用したりしたことがあるかや、疾病の治療のための薬物を用量を著しく超えて服用したことがあるかを記載し、又は記録してください。記載又は記録された内容について確認する必要がある場合には、医療機関等に照会することがあります。

※有罪の判決を受けたり、懲戒処分を受けたりしたものについては、　「４犯罪及び懲戒の経歴」　に記載し、又は記録してください。

※質問（３）に関し、薬物依存症である場合は、　「７精神疾患」　に記載し、又は記録してください。

（１）違法所持・使用等について	麻薬若しくは向精神薬、大麻、あへん若しくはけしがら、覚醒剤又は医薬品、医療機器等の品質、有効性及び安全性の確保等に関する法律の指定薬物（危険ドラッグ等をいいます。）を違法に所持又は使用したことがありますか（こうした薬物に該当する疑いがある場合にも記載し、又は記録してください。）。	
	薬物名	
	当該行為の具体的内容	
	行った期間	
	～	
	当該行為の頻度	
	当該行為を行った理由	
	１回の使用量	
（２）有機溶剤の濫用等について	トルエン若しくは酢酸エチル、トルエン若しくはメタノールを含有するシンナー、接着剤、塗料又は閉そく用若しくはシーリング用の充てん料をみだりに摂取・吸入し、又はこれらの目的で所持したことがありますか。	
	物質名	
	当該行為の具体的内容	
	行った期間	
	～	
	当該行為の頻度	
	当該行為を行った理由	
	１回の使用量	

（3）薬物の用量超過について	医師等により処方された薬物を処方せんに記載された用量を著しく超えて、又は処方せんを必要としない薬物をその直接の容器若しくは直接の被包に記載された用量を著しく超えて、服用したことがありますか。 ※過去10年以内	
	服用薬物名	
	薬物の影響による具体的症状	
	服用期間	
	～	
	処方・販売者の名称	
	処方・販売者の所在地	
備考 ※書き切れない項目については右の欄に記載し、又は記録してください。		

7　精神疾患

本項目においては、精神疾患に関し、治療又はカウンセリングを受けたことがあるかを記載し、又は記録しますが、治療又はカウンセリングを受けたことがあるとの事実だけをもって、重要経済安保情報を漏らすおそれがないと認められないと直ちに判断されることはありません。必要な場合には、医療機関等に照会した上で、具体的な症状や治療の経過、再発の可能性等を踏まえ、重要経済安保情報を漏らすおそれがないかどうか判断されます。

精神疾患について	統合失調症、躁うつ病、薬物依存症、アルコール依存症その他の精神疾患に関し、治療又はカウンセリングを受けたことがありますか。※過去10年以内	
	受診先名称	
	受診先所在地	
	受診期間	
	〜	
	医師やカウンセラーの氏名	
	症状	
	受診後の状態	
備考 ※書き切れない項目については右の欄に記載し、又は記録してください。		

8 飲酒についての節度

※アルコール依存症によるものについては、「7精神疾患」で記載し、又は記録してください。

飲酒を原因とするトラブル等	飲酒を原因として、けんかなどのトラブルを引き起こしたり、業務上の支障を生じさせたりしたことがありますか。 ※過去10年以内		
	①	当該時期（年・月）	
		具体的内容	
	②	当該時期（年・月）	
		具体的内容	
	③	当該時期（年・月）	
		具体的内容	
備考 ※書き切れない項目については右の欄に記載し、又は記録してください。			

9　信用状態その他の経済的な状況

（1）借入れ	現在、以下の事項以外の借入れがありますか。 a　住宅、車両又は耐久消費財の購入を目的としたもの b　教育のためのもの c　クレジットカードを使用した商品等の購入に伴うもの	
	①	借入先の名称
		借入先の所在地
		借入内容及び借入れに至った理由
		借入時期（年・月）
		借入総額
		返済額（月当たり）（円）
		借入残高
		完済予定時期（年・月）
	②	借入先の名称
		借入先の所在地
		借入内容及び借入れに至った理由
		借入時期（年・月）
		借入総額
		返済額（月当たり）（円）
		借入残高
		完済予定時期（年・月）

（2）滞納		国税や保険料、家賃等の支払を滞納している、又は滞納したことがありますか。※過去10年以内 ・滞納により催告を受け、指定された期限までに支払った場合を除きます。
	①	滞納している/滞納していたもの
		滞納時期（いつから）（年・月）
		滞納時期（いつまで。滞納中の場合は空欄）（年・月）
		滞納金額（円）
		滞納している/滞納していた理由
	②	滞納している/滞納していたもの
		滞納時期（いつから）（年・月）
		滞納時期（いつまで。滞納中の場合は空欄）（年・月）
		滞納金額（円）
		滞納している/滞納していた理由
（3）自己破産		自己破産したことがありますか。※過去10年以内
		破産宣告日（年・月・日）
		免責日（年・月・日）
		原因となった債務内容
（4）クレジットカードの使用停止		支払の不備・与信上の問題により、クレジットカードの使用を停止させられたことがありますか。※過去10年以内 ・決済口座の残高不足等により催告を受け、指定された期限までに支払った場合を除きます。
		停止時期（年・月）
		具体的内容とその理由

（5）民事執行	民事執行手続を受けたことがありますか。※過去10年以内	
	受けた時期（年・月）	
	具体的内容とその理由	
（6）差押え	賃金・給付金・資産を差し押さえられたことがありますか。 ※過去10年以内	
	差押時期（年・月）	
	具体的内容とその理由	
備考 ※書き切れない項目については右の欄に記載し、又は記録してください。		

10　その他適性評価手続のために必要な情報

過去の適性評価の経歴	過去に、重要経済安保情報保護活用法に基づく適性評価を受けたことがありますか。	
	評価結果の通知を受けた時期（年・月） ※複数ある場合は、最も新しいものについて記載し、又は記録してください。	
	評価した行政機関の長	
	行政機関の担当部署	
備考 ※書き切れない項目については右の欄に記載し、又は記録してください。		

今回提出する質問票には、私が確認できる限りの事実を具体的に、漏れなくかつ正確に記載し、又は記録しました。

適性評価の結果が通知されるまでの間に、質問票に記載し、又は記録した事項に変更が生じた場合には、速やかに申し出ます。

記載日

氏　名

別添6

調査票（適性評価）

1　調査票の記載又は記録に当たっての留意事項

＿＿＿＿＿＿氏（以下「評価対象者」といいます。）について、重要経済安保情報の保護及び活用に関する法律（令和6年法律第27号。以下「重要経済安保情報保護活用法」といいます。）第12条第1項に規定する適性評価を実施するため必要がありますので、2の各調査事項について、該当の有無を記載し、又は記録するとともに、該当がある場合は、その内容を具体的に記載し、又は記録した上で、この調査票に記載し、又は記録した年月日やあなたの氏名等を記載し、又は記録して、この調査票を適性評価における調査を担当する職員に提出してください。

この調査票は、評価対象者が重要経済安保情報の取扱いの業務を行った場合にこれを漏らすおそれがないかを評価するためにあなたに記載又は記録を依頼するものであり、人事評価を目的とするものではありません（なお、適性評価の実施に当たって取得する個人情報については、人事評価や人事考課、解雇、懲戒処分、不利益な配置の変更等に用いるなど重要経済安保情報の保護以外の目的のために利用したり、他に提供したりすることは、重要経済安保情報保護活用法の規定により禁じられています。）。記載又は記録に当たっては、あなたが把握している事実に基づき、あなたの所見をありのままに記載し、又は記録してください。

評価対象者への質問とは別にこの調査が行われる趣旨を踏まえ、この調査票の記載又は記録の前後を問わず、評価対象者に記載又は記録内容についての確認を行わないでください。

なお、この調査票により把握した評価対象者に関する情報は、評価対象者に示される可能性があります。

適性評価は、重要経済安保情報保護活用法第12条第2項各号に掲げる事項について、必要な範囲内において評価対象者やその知人に質問したり、公務所等へ照会したりするなどの調査を行い、その結果に基づいて実施します。今回あなたが記載し、又は記録した内容のみによって評価対象者の評価がなされるものではなく、他の調査結果と合わせ、評価対象者の個別具体的な事情を十分に考慮した上で、総合的に判断されます。

後日、適性評価における調査を担当する職員から、この調査票を参考としつつ、あなたに質問を行うことがあります。

＜担当＞
【内閣府又は○○省】　局　課
住所
電話
電子メール

記　入　日：　年　月　日

所 属 部 署：

役　　　職：

氏　　　名：

電　　　話：

電子メール：

2　調査事項

調査項目	該当すると認められる場合に✓印を記載し、又は記録してください。	内容
○　重要経済基盤毀損活動との関係① 評価対象者が、重要経済基盤毀損活動（注）を行ったこと、又はこうした活動を支援したことが認められますか。	□ 認められる	
評価対象者が、上記の活動を行う団体のメンバーだった、又は、現在メンバーであることが認められますか。	□ 認められる	
評価対象者が、上記の活動を行う団体を支援したことがある、又は、現在支援していることが認められますか。	□ 認められる	
○　重要経済基盤毀損活動との関係② 評価対象者に、業務以外で繰り返し連絡を取ったり、会ったりしている外国政府関係者や外国人がいることが認められますか。	□ 認められる	
○　犯罪や懲戒の経歴 評価対象者が、罪を犯し、有罪の判決を受けたことがある、又は、職業上の懲戒処分を受けたことがあると認められますか。	□ 認められる	

（注）「重要経済基盤毀損活動」とは、公になっていない情報のうちその漏えいが我が国の安全保障に支障を与えるおそれがあるものを取得するための活動その他の活動であって、外国の利益を図る目的で行われ、かつ、重要経済基盤に関して我が国及び国民の安全を著しく害し、又は害するおそれのあるもの（重要経済安保情報を標的としたいわゆるスパイ活動等）や、重要経済基盤に支障を生じさせるための活動であって、政治上その他の主義主張に基づき、国家若しくは他人を当該主義主張に従わせ、又は社会に不安若しくは恐怖を与える目的で行われるもの（重要経済基盤を標的とするいわゆるテロリズム）を指します。

スパイ活動等において取得の対象となる情報としては、重要経済基盤に関し政府の保有する情報で我が国及び国民の安全を確保する観点から保護すべきものが想定される他、政府が関知するに至っている民間保有の機微な情報でその漏えいが我が国及び国民の安全の確保に支障を与えるおそれがあるもの（例えば、我が国における重要物資のサプライチェーン上の脆弱性に関する情報）も含まれ得ます。

調査項目	該当すると認められる場合に✓印を記載し、又は記録してください。	内容
○　情報の取扱いに係る非違の経歴 評価対象者が、文書やシステムの管理に関する規則等に違反し、懲戒処分や上司からの指導監督上の措置（訓告、厳重注意等）を受けたことがあると認められますか。	□ 認められる	
○　薬物の濫用及び影響 評価対象者が、所持等が禁止されている薬物を濫用しており、若しくは濫用していた、又は疾病の治療のための薬物をその用量を著しく超えて摂取しており、若しくは摂取していたと認められますか。	□ 認められる	
○　精神疾患 評価対象者が、表見上、自己の行為の是非を判別し、若しくはその判別に従って行動する能力を失い、若しくは著しく低下させる症状を呈していると疑われる状況にある、又はあったと認められますか。	□ 認められる	
○　飲酒についての節度 評価対象者が、飲酒を原因として、けんかなどのトラブルを引き起こしたり、業務上の支障を生じさせたりしたことがあると認められますか。	□ 認められる	
○　信用状態その他の経済的な状況 評価対象者に、住宅、車両若しくは耐久消費財の購入若しくは教育の目的以外の目的での借入れがある、又はあったと認められますか。	□ 認められる	
評価対象者に、何らかの金銭債務の不履行がある、又はあったと認められますか。	□ 認められる	
評価対象者に、自己の資力に照らして不相応な金銭消費がある、又はあったと認められますか。	□ 認められる	

※　この適性評価の調査方法など、今回の適性評価について相談がある場合は、以下の【○○省】相談窓口に申し出ることができます。
　適性評価に関連する相談は、内閣府にも申し出ることができます。内閣府に申し出る場合には、以下の内閣府相談窓口にお問い合わせください。

＜【○○省】相談窓口＞
　省　局　課
住所
電話
電子メール

＜内閣府相談窓口＞
内閣府　局　課
住所
電話
電子メール

（参考）

○重要経済安保情報の保護及び活用に関する法律（令和６年法律第27号）（抄）

（行政機関の長による適性評価の実施）

第12条　行政機関の長は、次に掲げる者について、その者が重要経済安保情報の取扱いの業務を行った場合にこれを漏らすおそれがないことについての評価（以下「適性評価」という。）を実施するものとする。

一　当該行政機関の職員（当該行政機関が警察庁である場合にあっては、警察本部長を含む。次号において同じ。）又は当該行政機関との第10条第１項若しくは第２項の契約（同号において「契約」という。）に基づき重要経済安保情報の提供を受け、若しくは重要経済安保情報を保有する適合事業者の従業者として重要経済安保情報の取扱いの業務を新たに行うことが見込まれることとなった者であって、次に掲げるもの以外のもの

イ　当該行政機関の長が直近に実施した適性評価において重要経済安保情報の取扱いの業務を行った場合にこれを漏らすおそれがないと認められた者（第３号において「直近適性評価認定者」という。）のうち、当該適性評価に係る次条第１項の規定による評価対象者への通知があった日から10年を経過していないものであって、引き続き当該おそれがないと認められるもの

ロ　当該行政機関の長が実施した特定秘密直近適性評価において特定秘密の取扱いの業務を行った場合にこれを漏らすおそれがないと認められた者（以下この項において「特定秘密直近適性評価認定者」という。）のうち、当該特定秘密直近適性評価に係る特定秘密保護法第13条第１項の規定による通知があった日から５年を経過していないものであって、引き続き当該おそれがないと認められるもの

二　当該行政機関の職員又は当該行政機関との契約に基づき重要経済安保情報の提供を受け、若しくは重要経済安保情報を保有する適合事業者の従業者として重要経済安保情報の取扱いの業務を現に行う者であって、当該行政機関の長が直近に実施した適性評価に係る次条第１項の規定による評価対象者への通知があった日から10年（特定秘密直近適性評価認定者である者にあっては、当該行政機関の長が実施した特定秘密直近適性評価に係る特定秘密保護法第13条第１項の規定による通知があった日から５年）を経過した日以後重要経済安保情報の取扱いの業務を引き続き行うことが見込まれるもの

三　直近適性評価認定者又は特定秘密直近適性評価認定者であって、引き続き重要経済安保情報を漏らすおそれがないと認めることについて疑いを生じさせる事情があるもの

２　適性評価は、適性評価の対象となる者（以下「評価対象者」という。）について、次に掲げる事項についての調査（以下この条及び第16条第１項において「適性評価調査」という。）を行い、その結果に基づき実施するものとする。

一　重要経済基盤毀損活動（重要経済基盤に関する公になっていない情報のうちその漏えいが我が国の安全保障に支障を与えるおそれがあるものを取得するための活動その他の活動であって、外国の利益を図る目的で行われ、かつ、重要経済基盤に関して我が国及び国民の安全を著しく害し、又は害するおそれのあるもの並びに重要経済基盤に支障を生じさせるための活動であって、政治上その他の主義主張に基づき、国家若しくは他人を当該主義主張に従わせ、又は社会に不安若しくは恐怖を与える目的で行われるものをいう。）との関係に関する事項（評価対象者の家族（配偶者（婚姻の届出をしていないが、事実上婚姻関係と同様の事情にある者を含む。以下この号において同じ。）、父母、子及び兄弟姉妹並びにこれらの者以外の配偶者の父母及び子をいう。以下この号において同じ。）及び同居人（家族を除く。）の氏名、生年月日、国籍（過去に有していた国籍を含む。）及び住所を含む。）

二　犯罪及び懲戒の経歴に関する事項

三　情報の取扱いに係る非違の経歴に関する事項

四　薬物の濫用及び影響に関する事項

五　精神疾患に関する事項

六　飲酒についての節度に関する事項

七　信用状態その他の経済的な状況に関する事項

３　適性評価は、あらかじめ、政令で定めるところにより、次に掲げる事項を評価対象者に対し告知した上で、その同意を得て実施するものとする。ただし、第７項の規定の適用を受けて実施する場合においては、当該告知をすることを要しない。

一　前項各号に掲げる事項について適性評価調査が行われる旨

二　適性評価調査を行うため必要な範囲内において、第６項の規定により質問させ、若しくは資料の提出を求めさせ、又は照会して報告を求めることがある旨

三　評価対象者が第１項第３号に掲げる者であるときは、その旨

4　行政機関の長は、適性評価を実施するときは、第７項の規定の適用を受けて実施される場合を除き、内閣総理大臣に対し、必要な資料を添えて、適性評価調査を行うよう求めるものとする。ただし、当該行政機関の業務の遂行に支障を及ぼすおそれがある場合（当該適性評価が同項の規定の適用を受けて実施される場合を除く。）には、当該行政機関の長が、政令で定めるところにより、自ら適性評価調査を行うものとする。

5　内閣総理大臣は、行政機関の長から前項の規定により適性評価調査を行うよう求められたときは、政令で定めるところにより、当該評価対象者について適性評価調査を行い、当該評価対象者が重要経済安保情報を漏らすおそれに関する意見（第７項において「調査意見」という。）を付して、当該適性評価調査の結果を当該行政機関の長に通知するものとする。

6　適性評価調査を行う内閣総理大臣又は行政機関の長は、適性評価調査を行うため必要な範囲内において、その職員に評価対象者若しくは評価対象者の知人その他の関係者に質問させ、若しくは評価対象者に対し資料の提出を求めさせ、又は公務所若しくは公私の団体に照会して必要な事項の報告を求めることができる。

7　第２項の規定にかかわらず、評価対象者が、適性評価を実施する行政機関の長（以下この項において「実施行政機関の長」という。）以外の行政機関の長又は警察本部長が実施した適性評価（次条第１項（第15条第２項において読み替えて準用する場合を含む。）の規定による通知があった日から10年を経過しておらず、かつ、第５項（第15条第２項において読み替えて準用する場合を含む。）の規定により内閣総理大臣が当該適性評価に係る適性評価調査を行ったものに限り、当該適性評価の後に実施行政機関の長による適性評価が実施された場合のものを除く。）のうち直近のもの（以下この条において「直近他機関適性評価」という。）において重要経済安保情報の取扱いの業務を行った場合にこれを漏らすおそれがないと認められた者である場合において、当該評価対象者について実施行政機関の長が実施する適性評価については、適性評価調査を行わず、直近他機関適性評価において行われた適性評価調査の結果に基づき実施するものとする。この場合において、内閣総理大臣は、実施行政機関の長の求めに応じ、直近他機関適性評価において行われた適性評価調査の結果及びこれに付した調査意見を当該実施行政機関の長に通知するものとする。

8　前項の規定の適用を受けて実施された適性評価を受けた評価対象者に対して行われた次条第１項の規定による通知は、前条第１項並びにこの条第１項第１号イ及び第２号の規定の適用については、直近他機関適性評価の結果について次条第１項（第15条第２項において読み替えて準用する場合を含む。）の規定による評価対象者への通知が行われた日に行われたものとみなす。

（適性評価の結果等の通知）

第13条　行政機関の長は、適性評価を実施したときは、その結果（当該適性評価が前条第７項の規定の適用を受けて実施された場合にあっては、その旨を含む。次項及び次条第１項において同じ。）を評価対象者及び内閣総理大臣に対し通知するものとする。

2　行政機関の長は、適合事業者の従業者について適性評価を実施したときはその結果を、当該従業者が前条第３項の同意をしなかったことにより適性評価が実施されなかったときはその旨を、それぞれ当該適合事業者に対し通知するものとする。

3　前項の規定による通知を受けた適合事業者は、当該評価対象者が当該適合事業者の指揮命令の下に労働する派遣労働者（労働者派遣事業の適正な運営の確保及び派遣労働者の保護等に関する法律（昭和60年法律第88号）第２条第２号に規定する派遣労働者をいう。第16条第２項において同じ。）であるときは、当該通知の内容を当該評価対象者を雇用する事業主に対し通知するものとする。

4　行政機関の長は、第１項の規定により評価対象者に対し重要経済安保情報の取扱いの業務を行った場合にこれを漏らすおそれがないと認められなかった旨を通知するときは、適性評価の円滑な実施の確保を妨げない範囲内において、当該おそれがないと認められなかった理由を併せて通知するものとする。ただし、当該評価対象者があらかじめ当該理由の通知を希望しない旨を申し出た場合は、この限りでない。

別添７

年　　月　　日
※文書発信番号

殿

大臣

適性評価のための照会書

重要経済安保情報の保護及び活用に関する法律（令和６年法律第27号）第12条第１項に規定する適性評価を実施するため調査する必要があるので、下記の事項につき回答願いたく、同条第６項の規定に基づき照会します。

記

＜問い合わせ先＞
　省　局　課
住所
電話
電子メール

別添８

1　適性評価調査実施担当者証（表面）

8.56

第　　　号

適性評価調査実施担当者証

所属
氏名
生年月日

写真

上記の者は、重要経済安保情報の保護及び活用に関する法律第12条第１項に規定する適性評価のための調査に従事する職員であることを証する。

発 行 日：　　　年　　　月　　　日
有効期限：　　　年　　　月　　　日

【内閣総理大臣又は○○大臣】

5.40

2　適性評価調査実施担当者証（裏面）

注　意　事　項

1　この担当者証は、適性評価の対象となる者（以下「評価対象者」という。）及び評価対象者の知人その他の関係者への質問、評価対象者への資料の要求並びに公務所及び公私の団体への照会の際に、必ず携帯し、これを提示すること。

2　この担当者証は、他人に貸与又は譲渡してはならない。

3　適性評価調査実施担当者でなくなったときは、この担当者証を速やかに【内閣総理大臣又は○○大臣】に返納すること。

4　この担当者証を紛失又は損傷したときは、直ちに届け出ること。

備考　図示の長さの単位は、センチメートルとする。

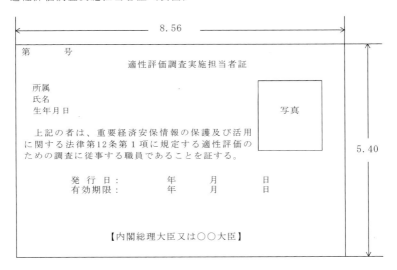

別添９－１

年　　月　　日
※文書発信番号

様

大臣

適性評価結果等通知書（本人用）

今回あなたについて実施した適性評価について、重要経済安保情報の保護及び活用に関する法律（令和６年法律第27号。以下「重要経済安保情報保護活用法」といいます。）第13条第１項の規定により、以下のとおりその結果を通知します。【なお、今回の適性評価については、重要経済安保情報保護活用法第12条第７項の規定の適用を受けて実施されました。※重要経済安保情報保護活用法第12条第７項の規定を適用した場合に追記】

【この結果は、［あなたを雇用する事業者／あなたを雇用する事業者とあなたの派遣先の事業者］に対しても通知されます（調査により判明した事柄は通知されません。）。※従業者の場合に追記】

＜適性評価の結果＞

あなたは、重要経済安保情報の取扱いの業務を行った場合にこれを漏らすおそれがないと認められました。

※　別添の「重要経済安保情報の保護に関する誓約書」（当該書面に記載すべき事項を記録した電磁的記録を含む。以下同じ。）の内容をよく読み、誓約書の１枚目に必要事項を記載又は記録の上、行政機関の適性評価の担当者に提出してください。書面で提出する際は、封筒に入れて封をした上で提出してください。誓約書の別紙は、あなたの手元に保管してください。また、「重要経済安保情報の指定及びその解除、適性評価の実施並びに適合事業者の認定に関し、統一的な運用を図るための基準」第４章第３節１(1)に掲げる事情（誓約書の別紙に記載し、又は記録されています。）がある場合には、速やかに、あなたが取り扱う重要経済安保情報に係る重要経済安保情報管理者に申し出てください。

※　この適性評価の結果や調査方法など、あなたについて実施された今回の適性評価について苦情がある場合は、重要経済安保情報保護活用法第14条第１項の規定により、【〇〇大臣】に対し、苦情の申出をすることができます。苦情の申出をする場合には、あなたの氏名、生年月日、所属する部署、役職名及び連絡先並びに具体的な苦情の内容を明らかにし、以下の苦情受理窓口に提出してください。

なお、苦情の申出をしたことを理由として、あなたに対して不利益な取扱いを行うことは重要経済安保情報保護活用法で禁止されています。

また、適性評価に関連して不利益な取扱いを受けた場合や適性評価の実施に当たって取得する個人情報を重要経済安保情報の保護以外の目的のために利用され、又は提供されたと感じた場合などの相談についても、【〇〇省】相談窓口に申し出ることができます。相談については、【〇〇省】相談窓口だけでなく、内閣府相談窓口に申し出ることもできます。

＜【〇〇省】苦情受理窓口＞	＜【〇〇省】相談窓口＞	＜内閣府相談窓口＞
省　局　課 住所 電話 電子メール	省　局　課 住所 電話 電子メール	内閣府　局　課 住所 電話 電子メール

※苦情受理窓口と相談窓口が同じ場合は、〈【〇〇省】苦情受理窓口・相談窓口〉とまとめて記載することも可能。

別添９－１

年　　月　　日
※文書発信番号

様

大臣

適性評価結果等通知書（本人用）

今回あなたについて実施した適性評価について、重要経済安保情報の保護及び活用に関する法律（令和６年法律第27号。以下「重要経済安保情報保護活用法」といいます。）第13条第１項の規定により、以下のとおりその結果を通知します。【なお、今回の適性評価については、重要経済安保情報保護活用法第12条第７項の規定の適用を受けて実施されました。※重要経済安保情報保護活用法第12条第７項の規定を適用した場合に追記】

【この結果は、［あなたを雇用する事業者／あなたを雇用する事業者とあなたの派遣先の事業者］に対しても通知されます（認められなかった理由や、調査により判明した事柄は通知されません。）。※従業者の場合に追記】

＜適性評価の結果＞
あなたは、重要経済安保情報の取扱いの業務を行った場合にこれを漏らすおそれがないと認められませんでした。

＜認められなかった理由＞

※　この適性評価の結果や調査方法など、あなたについて実施された今回の適性評価について苦情がある場合は、重要経済安保情報保護活用法第14条第１項の規定により、【○○大臣】に対し、苦情の申出をすることができます。苦情の申出をする場合には、あなたの氏名、生年月日、所属する部署、役職名及び連絡先並びに具体的な苦情の内容を明らかにし、以下の苦情受理窓口に提出してください。
なお、苦情の申出をしたことを理由として、あなたに対して不利益な取扱いを行うことは重要経済安保情報保護活用法で禁止されています。
また、適性評価に関連して不利益な取扱いを受けた場合や適性評価の実施に当たって取得する個人情報を重要経済安保情報の保護以外の目的のために利用され、又は提供されたと感じた場合などの相談についても、【○○省】相談窓口に申し出ることができます。相談については、【○○省】相談窓口だけでなく、内閣府相談窓口に申し出ることもできます。

＜【○○省】苦情受理窓口＞	＜【○○省】相談窓口＞	＜内閣府相談窓口＞
省　局　課	省　局　課	内閣府　局　課
住所	住所	住所
電話	電話	電話
電子メール	電子メール	電子メール

※苦情受理窓口と相談窓口が同じ場合は、〈【○○省】苦情受理窓口・相談窓口〉とまとめて記載することも可能。

別添９－１

年　　月　　日
※文書発信番号

様

大臣

適性評価結果等通知書（本人用）

あなたについての適性評価の手続は、以下の理由により中止されましたので、その旨通知します。【なお、この旨は、［あなたを雇用する事業者／あなたを雇用する事業者とあなたの派遣先の事業者］に対しても通知されます（調査により判明した事柄は通知されません。）。※従業者から同意の取下げがあった場合に追記】

＜中止の理由＞
［あなたから「適性評価の実施についての同意の取下書」が提出されたため／あなたが重要経済安保情報の取扱いの業務を行うことが見込まれなくなったため］

※　この適性評価の調査方法など、あなたについて実施された今回の適性評価について苦情がある場合は、重要経済安保情報の保護及び活用に関する法律（令和６年法律第27号。以下「重要経済安保情報保護活用法」といいます。）第14条第１項の規定により、【○○大臣】に対し、苦情の申出をすることができます。苦情の申出をする場合には、あなたの氏名、生年月日、所属する部署、役職名及び連絡先並びに具体的な苦情の内容を明らかにし、以下の苦情受理窓口に提出してください。
なお、苦情の申出をしたことを理由として、あなたに対して不利益な取扱いを行うことは重要経済安保情報保護活用法で禁止されています。
また、適性評価に関連して不利益な取扱いを受けた場合や適性評価の実施に当たって取得する個人情報を重要経済安保情報の保護以外の目的のために利用され、又は提供されたと感じた場合などの相談についても、【○○省】相談窓口に申し出ることができます。相談については、【○○省】相談窓口だけでなく、内閣府相談窓口に申し出ることもできます。

＜【○○省】苦情受理窓口＞	＜【○○省】相談窓口＞	＜内閣府相談窓口＞
省　局　課	省　局　課	内閣府　局　課
住所	住所	住所
電話	電話	電話
電子メール	電子メール	電子メール

※苦情受理窓口と相談窓口が同じ場合は、〈【○○省】苦情受理窓口・相談窓口〉とまとめて記載することも可能。

別添９－２

年　　月　　日
※文書発信番号

様

大臣

適性評価結果等通知書（適合事業者用）

貴社の従業者についての適性評価に関し、重要経済安保情報の保護及び活用に関する法律（令和６年法律第27号）第13条第２項及び「重要経済安保情報の指定及びその解除、適性評価の実施並びに適合事業者の認定に関し、統一的な運用を図るための基準」の規定により、別表のとおり、その結果を通知します。

【なお、別表に記載し、又は記録されている者が貴社の指揮命令の下に労働する派遣労働者（労働者派遣事業の適正な運営の確保及び派遣労働者の保護等に関する法律（昭和60年法律第88号）第２条第２号に規定する派遣労働者をいいます。）であるときは、適性評価の結果を、当該従業者を雇用する事業主に通知してください。※当該従業者が派遣労働者である場合に追記】

※　この適性評価の結果や調査方法など、従業者について実施された今回の適性評価について相談がある場合は、以下の【〇〇省】相談窓口に申し出ることができます。
　適性評価に関連する相談は、内閣府にも申し出ることができます。内閣府に申し出る場合には、以下の内閣府相談窓口にお問い合わせください。

＜【〇〇省】相談窓口＞
　省　局　課
住所
電話
電子メール

＜内閣府相談窓口＞
内閣府　局　課
住所
電話
電子メール

（備考）適性評価結果等通知書（適合事業者用）は、「適性あり」の場合とそれ以外の場合とに分けて作成すること。

別表

氏名《ふりがな》	生年月日	部署（派遣労働者であるときは、その旨）	結果

＊　結果欄には、重要経済安保情報の取扱いの業務を行った場合にこれを漏らすおそれがないと認められた場合には「適性あり」と、当該おそれがないと認められなかった場合は「適性なし」と、評価対象者本人の同意が得られなかったため適性評価が実施されなかった場合は「実施せず」と、同意が取り下げられたこと等により適性評価の手続を中止した場合は「中止」と記載し、又は記録しています。

別添10

重要経済安保情報の保護に関する誓約書

私は、　　年　　月　　日付け「適性評価結果等通知書（本人用）」により適性評価の実施結果の通知を受けました。私は、別紙を読んだ上で、以下に掲げる事項について確認し、今後、重要経済安保情報の取扱いの業務を行うに当たり、重要経済安保情報の保護のための法令及び関係規程を遵守し、重要経済安保情報の保護に努め、これを漏らさないことを誓約します。

(1) 重要経済安保情報の取扱いの業務を行うこととなった場合に、故意又は過失により重要経済安保情報を漏らしたときは、別紙記載の重要経済安保情報保護活用法の規定により罰せられることがあること。
(2) 重要経済安保情報に係る文書の紛失等重要経済安保情報の漏えい又は漏えいのおそれがあると認められる事情が生じた場合には、速やかに当該重要経済安保情報に係る重要経済安保情報管理者に報告するとともに、必要な調査に協力すること。
(3) 別紙記載の「重要経済安保情報の指定及びその解除、適性評価の実施並びに適合事業者の認定に関し、統一的な運用を図るための基準」第４章第３節１(1)に掲げる事情がある場合に、速やかに、私が取り扱う重要経済安保情報に係る重要経済安保情報管理者に申し出ること。
(4) 私について、別紙記載の「重要経済安保情報の指定及びその解除、適性評価の実施並びに適合事業者の認定に関し、統一的な運用を図るための基準」第４章第３節１(1)に掲げる事情があると認められた場合に、［私を雇用する事業者により私の取り扱う重要経済安保情報に係る重要経済安保情報管理者に報告がなされること。／私を雇用する事業者により私の派遣先の事業者に報告がなされること及び私の派遣先の事業者により私の取り扱う重要経済安保情報に係る重要経済安保情報管理者に報告がなされること。］※従業者の場合に追記

年　　月　　日　　　　　　氏名＿＿＿＿＿＿＿＿＿＿

別紙

1　重要経済安保情報の保護及び活用に関する法律（令和６年法律第27号。以下「重要経済安保情報保護活用法」といいます。）では、適性評価により、重要経済安保情報の取扱いの業務を行った場合に重要経済安保情報を漏らすおそれがないと認められた人でなければ、重要経済安保情報の取扱いの業務を行うことができないこととされています。

今回実施された適性評価により、あなたは重要経済安保情報の取扱いの業務を行った場合にこれを漏らすおそれがないと認められましたが、今後、重要経済安保情報の取扱いの業務を行うこととなったときは、重要経済安保情報の保護のための法令及び関係規程を遵守し、重要経済安保情報の保護に努めなければなりません。あなたが重要経済安保情報の取扱いの業務により知得した重要経済安保情報を故意又は過失により漏らした場合には、重要経済安保情報保護活用法第23条により罰せられることがあります（以下の条文を参照してください。）。

> 重要経済安保情報の保護及び活用に関する法律（令和６年法律第27号）（抄）
>
> 第23条　重要経済安保情報の取扱いの業務に従事する者がその業務により知り得た重要経済安保情報を漏らしたときは、５年以下の拘禁刑若しくは500万円以下の罰金に処し、又はこれを併科する。重要経済安保情報の取扱いの業務に従事しなくなった後においても、同様とする。
>
> ２　第４条第５項、第８条、第９条、第10条第５項若しくは第６項又は第18条第４項の規定により提示され、又は提供された重要経済安保情報について、当該提示又は提供の目的である業務により当該重要経済安保情報を知り得た者がこれを漏らしたときは、３年以下の拘禁刑若しくは300万円以下の罰金に処し、又はこれを併科する。第９条第１項第１号ロに規定する場合において提示された重要経済安保情報について、当該重要経済安保情報の提示を受けた者がこれを漏らしたときも、同様とする。
>
> ３　前２項の罪の未遂は、罰する。
>
> ４　過失により第１項の罪を犯した者は、１年以下の拘禁刑又は30万円以下の罰金に処する。
>
> ５　過失により第２項の罪を犯した者は、６月以下の拘禁刑又は20万円以下の罰金に処する。
>
> 第27条　第23条の規定は、日本国外において同条の罪を犯した者にも適用する。
>
> ２　（略）

2　今回あなたについて実施された適性評価は、あなたが質問票により申告した事実等に基づいて行われました。

今後、以下に掲げる事情（「重要経済安保情報の指定及びその解除、適性評価の実施並びに適合事業者の認定に関し、統一的な運用を図るための基準」第４章第３節１(1)に掲げる事情）がある場合には、速やかに、あなたが取り扱う重要経済安保情報に係る重要経済安保情報管理者に、以下の窓口を通じて申し出てください。その申出内容により、あなたが重要経済安保情報を漏らすおそれがないと認めることについて疑いを生じさせる事情があると判断されることとなった場合には、重要経済安保情報の取扱いの業務を行うに当たって、改めて適性評価が実施されることとなります。

（1）外国籍の者と結婚した場合その他外国との関係に大きな変化があったこと。

（2）罪を犯して検挙されたこと。

(3) 懲戒処分の対象となる行為をしたこと。
(4) 情報の取扱いに関する規則に違反したこと。
(5) 違法な薬物の所持、使用など薬物の違法又は不適切な取扱いを行ったこと。
(6) 自己の行為の是非を判別し、若しくはその判別に従って行動する能力を失わせ、又は著しく低下させる症状を呈していると疑われる状況に陥ったこと。
(7) 飲酒により、けんかなどの対人トラブルを引き起こしたり、業務上の支障を生じさせたりしたこと。
(8) 裁判所から給与の差押命令が送達されるなど経済的な問題を抱えていると疑われる状況に陥ったこと。
(9) 重要経済安保情報を漏らすおそれがないと認めることについて疑義が生じたこと。

また、［あなたの上司等／あなたを雇用する事業者／あなたを雇用する事業者又はあなたの派遣先の事業者］が、あなたについて上記の事情があると認めた場合には、あなたが取り扱う重要経済安保情報に係る重要経済安保情報管理者に報告されることとなります。その場合にも、あなたが重要経済安保情報を漏らすおそれがないと認めることについて疑いを生じさせる事情があると判断されることとなった場合には、重要経済安保情報の取扱いの業務を行うに当たって、改めて適性評価が実施されることとなります。

なお、あなたが重要経済安保情報の取扱いの業務を行わないこととなった後に、【〇〇省】の職員又は【〇〇省】との契約に基づき重要経済安保情報の提供を受け、若しくは重要経済安保情報を保有する適合事業者の従業者として、再び重要経済安保情報の取扱いの業務を行うことが見込まれることとなった場合には、あなたについて、重要経済安保情報保護活用法第12条第１項に規定される引き続き重要経済安保情報の取扱いの業務を行った場合にこれを漏らすおそれがないか否かを判断する必要があるため、重要経済安保情報を取り扱う業務を行わなくなった日以降の上記に掲げる事項や職歴・学歴について、新たに取り扱う重要経済安保情報に係る重要経済安保情報管理者に申し出てください。また、他の行政機関の長があなたについて今後実施する適性評価に重要経済安保情報保護活用法第12条第７項の規定が適用される場合についても、同様に、重要経済安保情報を取り扱う業務を行わなくなった日以降の上記に掲げる事項や職歴・学歴について、新たに取り扱う重要経済安保情報に係る重要経済安保情報管理者に申し出てください。

＜申出窓口＞
　　省　　局　　課
住所
電話
電子メール

別添11

年　　月　　日
※文書発信番号

様

大臣

苦情処理結果通知書

年　　月　　日付けで申出のありました苦情について、これを処理した結果は下記のとおりですので、重要経済安保情報の保護及び活用に関する法律（令和６年法律第27号）第14条第２項の規定により通知します。

記

＜問い合わせ先＞
省　局　課
住所
電話
電子メール

別添12

年　月　日

認定申請書

＿＿＿＿＿＿＿＿大臣

住所＿＿＿＿＿＿＿＿＿＿＿＿
名称＿＿＿＿＿＿＿＿＿＿＿＿
代表者の氏名＿＿＿＿＿＿＿＿

重要経済安保情報の保護及び活用に関する法律第10条第１項（第２項）の規定に基づき、適合事業者の認定を受けたいので次のとおり申請します。

１　申請者に関する事項

(1)　申請者の基本的事項

名称及び代表者の氏名	
住所	
設立準拠法国等	
主な事業内容	

(2)　申請者の総株主等の議決権の５％超を直接に保有する者

	名称又は氏名	設立準拠法国等 又は国籍等	議決権保有割合（%） （確認した年月日）
①			
②			
③			
④			
⑤			
⑥			
⑦			
⑧			
⑨			
⑩			

(注)

１．議決権保有割合は、申請の日の前６月以内の日における最新の総株主等の議決権の数に占める割合を、小数点以下第３位を四捨五入して記載し、又は記録すること。

２．「設立準拠法国等又は国籍等」の欄には、議決権を保有する者が法人である場合には当該法人の設立に当たって準拠した法令を制定した国又は地域の名称を、個人である場合には当該個人の国籍等（国籍又は国籍に準ずるものをいう。以下同じ。）を記載し、又は記録すること。

３．持分の定めがない法人については、記入不要。

(留意事項)

1．議決権保有割合が、５%超10%未満であった者が新たに10%以上を保有することになった場合又は10%超15%未満であった者が新たに15%以上を保有することになった場合には、改めて申請すること。

(3)　申請者の役員

	氏名	生年月日	国籍等	帰化歴の有無
①				
②				
③				
④				
⑤				
⑥				
⑦				
⑧				
⑨				
⑩				

※「帰化歴の有無」の欄を「有」とした場合

番号	帰化年月日	元国籍	帰化時の住所

(注)

1．「役員」とは、次に掲げる法人等の区分に応じ、それぞれ次に定める者をいう。
- 株式会社　　取締役（指名委員会等設置会社にあっては取締役及び執行役）
- 持分会社　　業務を執行する社員
- 一般社団法人、一般財団法人及び中小企業等協同組合　　理事
- 組合　　組合員
- その他の法人等　　上記に準ずる者

2．「帰化歴の有無」の欄を「有」とした場合は、当該者について、「番号」（①等）、「帰化年月日」、「元国籍」、「帰化時の住所」の欄も記載し、又は記録すること。

(4)　申請者における外国との取引に係る売上高の割合

該当の有無	
期間	～　　　　　　までの３年間

事業年度	外国政府、外国事業者等の名称	設立準拠法国等又は国籍等	割合（%）

(注)

１．申請の日の２月前の日以前に終了した直近の３事業年度のうち、いずれか１の事業年度における申請者の売上高の総額のうち、同一の国又は地域に属する外国政府（国際機関を含む）、外国事業者等との取引に係る売上高の合計額の占める割合が100分の50以上である場合は「該当あり」に印を付け、当該国又は地域に属する外国政府、外国事業者等との取引に係る売上高の割合についてそれぞれ記載し、又は記録すること。それ以外の場合には「該当なし」に印を付けること。

２．「設立準拠法国等又は国籍等」の欄には、外国政府の場合は当該国の名称を、外国事業者である場合には当該法人の設立に当たって準拠した法令を制定した国又は地域の名称を、個人である場合には当該個人の国籍等を記載し、又は記録すること。

2　重要経済安保情報の保護・管理（以下「情報保全」という。）に責任を持つ者（以下「保護責任者」という。）に関する事項

⑴　保護責任者

氏名	
生年月日	
国籍等	
役職	
職責	

⑵　実施体制

（実施体制図）

(注)

重要経済安保情報の保護・管理に関係する主な部署、その人数の見込み及び担当者の指名・役職・役割分担等を図などを活用して記載し、又は記録すること。

3　情報保全に係る規程・教育に関する事項

⑴　情報保全に係る規程

	規程名	策定状況
①		
②		
③		
④		
⑤		

(注)

1．情報保全に係る規程が整備されていない場合は、規程案について記載し、又は記録すること。その際には、「策定状況」の欄に内部決裁の状況を記載し、又は記録すること。

2．規程には、第5章第1節2（2）①～⑭に掲げる項目が全て含まれていること。

3．規程又は規程案を、本申請書に添付すること。

⑵　教育実施計画

	実施時期	教育項目	実施場所	教育対象者	教育実施者
①					
②					
③					

⑶．教育体制

情報保全教育の担当部署	

	情報保全教育実施者	役職	情報保全業務の経験等	情報保全教育の受講実績
①				
②				
③				

(注)

1．「情報保全業務の経験等」の欄には、「令和〇年〇月から令和〇年〇月まで重要経済安保情報の業務管理者」、「情報保全業務の経験なし」等を具体的に記載し、又は記録すること。特定秘密の保全業務の経験等がある場合は、当該経験等についても記載し、又は記録すること。

2．「情報保全教育の受講実績」の欄には、「令和〇年〇月〇日に情報保全教育受講済」、「令和〇年〇月に情報保全教育を受講予定」等を具体的に記載し、又は記録すること。特定秘密の保全教育の受講実績がある場合は、当該受講実績についても記載し、又は記録すること。

4　重要経済安保情報を取り扱う場所に関する事項

①

（1）情報を取り扱う場所	施設名		
	住所		
	所属する部署		
	所属する部署の業務		
	情報を取り扱う区画		
	用途		
	備えている設備	天井・壁・床	
		出入口	
		扉	
		窓	
		開口部	
		錠	
		警報装置	
		外柵	
		保管容器	
		電子計算機	
	管理方法		
（2）各区画において情報保全業務を管理する者	氏名		
	生年月日		
	国籍等		
	役職		
	職責		

②

（1）情報を取り扱う場所	施設名		
	住所		
	所属する部署		
	所属する部署の業務		
	情報を取り扱う区画		
	用途		
	備えている設備	天井・壁・床	
		出入口	
		扉	
		窓	
		開口部	
		錠	
		警報装置	
		外柵	
		保管容器	
		電子計算機	
	管理方法		
（2）各区画において情報保全業務を管理する者	氏名		
	生年月日		
	国籍等		
	役職		
	職責		

(注)

1．保管を用途とする場合、「備えている設備」は、不法侵入、破壊、盗視及び盗聴ができないように十分に配慮されていること。

2．閲覧のみを用途とする場合、「備えている設備」は、重要経済安保情報の閲覧時に不法侵入、破壊、盗視及び盗聴ができないように十分に配慮されていること。

注　・　欄が足りない場合は、必要に応じて行を追加すること。

　　・　用紙の大きさは、日本産業規格Ａ４とすること。

政令第二十六号

重要経済安保情報の保護及び活用に関する法律施行令

内閣は、重要経済安保情報の保護及び活用に関する法律（令和六年法律第二十七号）第二条第一項第五号及び第二項第二号、第三条第二項、第四条第二項、第五項及び第七項、第五条第一項及び第三項（同法第七条第二項において準用する場合を含む。）、第六条第二項、第九条第一項第一号、第十条第一項及び第三項第六号、第十一条第一項第七号、第十二条第三項、第四項ただし書及び第五項（これらの規定を同法第十五条第二項において読み替えて準用する場合を含む。）、第十六条第一項ただし書、第十七条並びに第二十一条の規定に基づき、この政令を制定する。

目次

第一章　総則

（法第二条第一項第五号の政令で定める機関）

第一条　重要経済安保情報の保護及び活用に関する法律（以下「法」という。）第二条第一項第五号の政令で定める機関は、検察庁とする。

（法第二条第二項第二号の政令で定める者）

第二条　法第二条第二項第二号の政令で定める者は、次に掲げる者とする。

一　最高検察庁にあっては、検事総長

二　高等検察庁にあっては、その庁の検事長

三　地方検察庁にあっては、その庁の検事正

四　区検察庁にあっては、その庁の対応する簡易裁判所の所在地を管轄する地方裁判所に対応する地方検察庁の検事正

第二章　重要経済安保情報の指定等

第一節　重要経済安保情報の指定

（指定に関する記録の作成）

第三条　法第三条第二項の規定による指定に関する記録の作成は、法第十八条第一項の基準（以下「運用基準」という。）で定めるところにより、法第三条第一項の規定による指定（以下「指定」という。）及びその解除を適切に管理するための帳簿（その作成に代えて電磁的記録（同条第二項第一号に規定する電磁的記録をいう。以下同じ。）の作成がされている場合における当該電磁的記録を含む。以下「指定管理簿」という。）に次に掲げる事項を記載し、又は記録することにより行うものとする。

一　指定をした年月日

二　指定の有効期間及びその満了する年月日

三　指定に係る重要経済安保情報の概要

四　指定に係る重要経済安保情報である情報が法第二条第四項各号のいずれの事項に関するものであるかの別

五　法第三条第二項の規定により講ずる措置が同項各号のいずれの措置であるかの別

六　前各号に掲げるもののほか、指定を適切に管理するために必要なものとして運用基準で定める事項

（重要経済安保情報の表示の方法）

第四条　法第三条第二項第一号に規定する重要経済安保情報の表示（以下「重要経済安保情報表示」という。）は、次の各号に掲げる重要経済安保情報文書等（重要経済安保情報である情報を記録する文書、図画、電磁的記録若しくは物件又は当該情報を化体する物件をいう。以下同じ。）の区分に応じ、当該各号に定めるところによりするものとする。

一　重要経済安保情報である情報を記録する文書又は図画　別記第一様式に従い、その見やすい箇所に、印刷、押印その他これらに準ずる確実な方法によりすること。この場合において、当該文書又は図画のうち当該情報を記録する部分を容易に区分することができるときは、当該重要経済安保情報表示は、当該部分にすること。

二　重要経済安保情報である情報を記録する電磁的記録　当該電磁的記録のうち当該情報を記録する部分を電子計算機の映像面上において視覚により認識することができる状態にしたときに、別記第一様式による表示を視覚により認識することができるようにすること。

三　重要経済安保情報である情報を記録し、又は化体する物件　別記第一様式に従い、その見やすい箇所（見やすい箇所がない場合にあっては、その保管に用いる容器又は包装の外部）に、刻印、ラベルの貼付けその他これらに準ずる確実な方法によりすること。この場合において、当該物件のうち当該情報を記録し、又は化体する部分を容易に区分することができるときは、当該重要経済安保情報表示は、当該部分にすること。

（通知の方法）

第五条　法第三条第二項第二号の規定による通知は、重要経済安保情報である情報について第三条第二号及び第三号に掲げる事項（同条第二号に掲げる事項にあっては、指定の有効期間が満了する年月日に限る。第十一条第三項において同じ。）を記載した書面の交付（当該書面の作成に代えて電磁的記録の作成がされている場合にあっては、当該電磁的記録の電子情報処理組織（当該交付をすべき者の使用に係る電子計

算機（入出力装置を含む。以下この条において同じ。）と当該交付を受けるべき者の使用に係る電子計算機とを電気通信回線で接続した電子情報処理組織をいう。第二十条において同じ。）を使用する方法による提供。以下同じ。）により行うものとする。

（法第三条第三項の規定により講じた措置の記録）

第六条　行政機関の長は、法第三条第三項の規定により同条第二項第一号に掲げる措置を講じたときは、指定管理簿にその旨を記載し、又は記録するものとする。

第二節　指定の有効期間及び解除

（指定の有効期間の満了に伴う措置）

第七条　行政機関の長は、指定をした場合において、その有効期間（延長された場合にあっては、延長後の有効期間。以下同じ。）が満了したときは、次に掲げる措置を講ずるものとする。

一　当該指定に係る旧重要経済安保情報文書等（重要経済安保情報であった情報を記録する文書、図画、電磁的記録若しくは物件又は当該情報を化体する物件をいう。以下同じ。）について、重要経済安保情報表示の抹消（電磁的記録にあっては、当該電磁的記録のうち当該情報を記録する部分を電子計算機の

映像面上において視覚により認識することができる状態にしたときに、別記第一様式による表示を視覚により認識することができないようにすることを含む。以下同じ。）をした上で、指定有効期間満了表示をすること。

二　次に掲げる者に対し、当該指定の有効期間が満了した旨を記載した書面の交付により当該事項を通知すること。

イ　当該指定について法第三条第二項第二号、第五条第二項又は第十条第二項の規定による通知を受けた者

ロ　法第六条第一項、第七条第一項、第八条、第九条第一項、第十条第一項又は第十八条第四項の規定により当該行政機関の長から当該指定に係る重要経済安保情報の提供を受けた者

三　指定管理簿に当該指定の有効期間が満了した旨を記載し、又は記録すること。

2　前項第一号に規定する「指定有効期間満了表示」とは、次の各号に掲げる旧重要経済安保情報文書等の区分に応じ、当該各号に定めるところによりする指定の有効期間が満了した旨の表示（電磁的記録にあっては、当該表示の記録を含む。）をいう。

一　重要経済安保情報であった情報を記録する文書又は図画　別記第二様式に従い、その見やすい箇所に、印刷、押印その他これらに準ずる確実な方法によりすること。この場合において、当該文書又は図画のうち当該情報を記録する部分を容易に区分することができるときは、当該表示は、当該部分にすること。

二　重要経済安保情報であった情報を記録する電磁的記録　当該電磁的記録のうち当該情報を記録する部分を電子計算機の映像面上において視覚により認識することができる状態にしたときに、別記第二様式による表示を視覚により認識することができるようにすること。

三　重要経済安保情報であった情報を記録し、又は化体する物件　別記第二様式に従い、その見やすい箇所（見やすい箇所がない場合にあっては、その保管に用いる容器又は包装の外部）に、刻印、ラベルの貼付けその他これらに準ずる確実な方法によりすること。この場合において、当該物件のうち当該情報を記録し、又は化体する部分を容易に区分することができるときは、当該表示は、当該部分にすること。

（指定の有効期間の延長に伴う措置）

第八条　行政機関の長は、法第四条第二項の規定により指定の有効期間を延長したときは、次に掲げる措置を講ずるものとする。

一　前条第一項第二号イ及びロに掲げる者に対し、当該指定の有効期間を延長した旨及び延長後の当該指定の有効期間が満了する年月日を記載した書面の交付によりこれらの事項を通知すること。

二　指定管理簿に当該指定の有効期間を延長した旨、延長後の当該指定の有効期間及びその満了する年月日並びに法第四条第四項の内閣の承認を得たときはその旨及び当該承認の年月日を記載し、又は記録すること。

（内閣に重要経済安保情報を提示する場合の措置）

第九条　法第四条第五項の政令で定める措置は、収納物を外部から見ることができないような運搬容器に重要経済安保情報文書等を収納し、施錠した上で、行政機関の長が当該行政機関において当該重要経済安保情報の取扱いの業務を行わせる職員のうちから指名するものに当該運搬容器を携行させることとする。

（指定の解除に伴う措置）

第十条　行政機関の長は、法第四条第七項の規定により指定を解除したときは、次に掲げる措置を講ずるも

のとする。

一　当該指定に係る旧重要経済安保情報文書等について、重要経済安保情報表示の抹消をした上で、指定解除表示をすること。

二　第七条第一項第二号イ及びロに掲げる者に対し、当該指定を解除した旨及びその年月日を記載した書面の交付によりこれらの事項を通知すること。

三　指定管理簿に当該指定を解除した旨及びその年月日を記載し、又は記録すること。

2　前項第一号に規定する「指定解除表示」とは、次の各号に掲げる旧重要経済安保情報文書等の区分に応じ、当該各号に定めるところによりする指定を解除した旨の表示（電磁的記録にあっては、当該表示の記録を含む。）をいう。

一　重要経済安保情報であった情報を記録する文書又は図画　別記第三様式に従い、その見やすい箇所に、印刷、押印その他これらに準ずる確実な方法によりすること。この場合において、当該文書又は図画のうち当該情報を記録する部分を容易に区分することができるときは、当該表示は、当該部分にすること。

二　重要経済安保情報であった情報を記録する電磁的記録　当該電磁的記録のうち当該情報を記録する部分を電子計算機の映像面上において視覚により認識することができる状態にしたときに、別記第三様式による表示を視覚により認識することができるようにすること。

三　重要経済安保情報であった情報を記録し、又は化体する物件　別記第三様式に従い、その見やすい箇所（見やすい箇所がない場合にあっては、その保管に用いる容器又は包装の外部）に、刻印、ラベルの貼付けその他これらに準ずる確実な方法によりすること。この場合において、当該物件のうち当該情報を記録し、又は化体する部分を容易に区分することができるときは、当該表示は、当該部分にすること。

第三節　行政機関の長等による重要経済安保情報の保護措置

（行政機関の長による重要経済安保情報の保護措置）

第十一条　行政機関の長は、重要経済安保情報を適切に保護するために、運用基準で定めるところにより、次に掲げる措置の実施に関する規程を定めるものとする。

一　重要経済安保情報の保護に関する業務を管理する者の指名

二　職員に対する重要経済安保情報の保護に関する教育
三　重要経済安保情報の保護のために必要な施設設備の設置
四　法第十一条第一項又は第二項の規定により重要経済安保情報の取扱いの業務を行うことができることとされる者のうちからの重要経済安保情報の取扱いの業務を行わせる職員の範囲の決定
五　重要経済安保情報を取り扱う場所への立入り及び機器の持込みの制限
六　重要経済安保情報を取り扱うために使用する電子計算機の使用の制限
七　前二号に掲げるもののほか、重要経済安保情報文書等の作成、運搬、交付、保管、廃棄その他の取扱いの方法の制限
八　重要経済安保情報の伝達（重要経済安保情報文書等の交付以外の方法によるものに限る。第十五条第八号において同じ。）の方法の制限
九　重要経済安保情報の取扱いの業務の状況の検査
十　重要経済安保情報文書等の奪取その他重要経済安保情報の漏えいのおそれがある緊急の事態に際し、その漏えいを防止するため他に適当な手段がないと認められる場合における焼却、破砕その他の方法に

よる重要経済安保情報文書等の廃棄

十一　重要経済安保情報文書等の紛失その他の事故が生じた場合における被害の発生の防止その他の措置

十二　前各号に掲げるもののほか、重要経済安保情報の保護に関し必要なものとして運用基準で定める措置

2　法第五条第一項の政令で定める措置は、前項の規程に従い、当該重要経済安保情報に関し同項各号に掲げる措置を講ずることとする。

3　法第五条第二項の規定による通知は、当該通知に係る重要経済安保情報である情報について第三条第二号及び第三号に掲げる事項を記載した書面の交付により行うものとする。

（都道府県警察による重要経済安保情報の保護措置）

第十二条　法第五条第三項の政令で定める事項は、当該警察本部長による次に掲げる措置及び当該重要経済安保情報に関する前条第一項各号に掲げる措置の実施に関する事項とする。

一　当該重要経済安保情報である情報について講ずる法第三条第二項各号のいずれかに掲げる措置

二　当該重要経済安保情報の指定の有効期間が満了した場合に講ずる次に掲げる措置

イ　当該指定に係る旧重要経済安保情報文書等について、重要経済安保情報表示の抹消をした上で、第七条第二項に規定する指定有効期間満了表示（第十四条第二号イ及び第十七条第二号イにおいて「指定有効期間満了表示」という。）をすること。

ロ　次に掲げる者に対し、当該指定の有効期間が満了した旨を記載した書面の交付により当該事項を通知すること。

（１）　法第五条第三項後段の規定により当該警察本部長から前号に掲げる措置（法第三条第二項第二号に掲げる措置に限る。）を受けた者

（２）　法第九条第二項の規定により当該警察本部長から当該重要経済安保情報の提供を受けた者

三　当該重要経済安保情報の指定の有効期間が延長された場合において、前号ロ（１）及び（２）に掲げる者に対し、当該指定の有効期間が延長された旨及び延長後の当該指定の有効期間が満了する年月日を記載した書面の交付によりこれらの事項を通知すること。

四　当該重要経済安保情報の指定が解除された場合に講ずる次に掲げる措置

イ　当該指定に係る旧重要経済安保情報文書等について、重要経済安保情報表示の抹消をした上で、第

十条第二項に規定する指定解除表示（第十四条第四号イ及び第十七条第四号イにおいて「指定解除表示」という。）をすること。

ロ　第二号ロ(1)及び(2)に掲げる者に対し、当該指定が解除された旨及びその年月日を記載した書面の交付によりこれらの事項を通知すること。

2　前項の規定は、法第七条第二項において準用する法第五条第三項の政令で定める事項について準用する。この場合において、前項第一号中「について講ずる法第三条第二項各号のいずれか」とあるのは「に係る重要経済安保情報文書等であって当該都道府県警察において作成したものについて講ずる法第三条第二項第一号に掲げる措置又は当該情報について講ずる同項第二号」と、同項第二号ロ(1)中「第五条第三項後段」とあるのは「第七条第二項において準用する法第五条第三項後段」と読み替えるものとする。

第三章　重要経済安保情報の提供等

（提供の際の通知）

第十三条　法第六条第一項、第七条第一項、第八条、第九条、第十条第一項若しくは第六項又は第十八条第四項の規定により重要経済安保情報の提供をする者は、当該提供を受ける者に対し、当該重要経済安保情

報の指定の有効期間が満了する年月日を記載した書面の交付により当該事項を通知するものとする。

（他の行政機関による重要経済安保情報の保護措置）

第十四条　法第六条第二項の政令で定める事項は、当該他の行政機関の長による次に掲げる措置及び当該重要経済安保情報に関する第十一条第一項各号に掲げる措置の実施に関する事項とする。

一　当該重要経済安保情報である情報に係る重要経済安保情報文書等であって当該他の行政機関において作成したものについて講ずる法第三条第二項第一号に掲げる措置又は当該情報について講ずる同項第二号に掲げる措置

二　当該重要経済安保情報の指定の有効期間が満了した場合に講ずる次に掲げる措置

イ　当該指定に係る旧重要経済安保情報文書等について、重要経済安保情報表示の抹消をした上で、指定有効期間満了表示をすること。

ロ　次に掲げる者に対し、当該指定の有効期間が満了した旨を記載した書面の交付により当該事項を通知すること。

（１）　法第六条第三項の規定により当該他の行政機関の長から前号に掲げる措置（法第三条第二項第二

号に掲げる措置に限る。）を受けた者

（２）　法第六条第一項、第七条第一項、第八条、第九条第一項、第十条第一項又は第十八条第四項の規定により当該他の行政機関の長から当該重要経済安保情報の提供を受けた者

三　当該重要経済安保情報の指定の有効期間が延長された場合において、前号ロ（１）及び（２）に掲げる者に対し、当該指定の有効期間が延長された旨及び延長後の当該指定の有効期間が満了する年月日を記載した書面の交付によりこれらの事項を通知すること。

四　当該重要経済安保情報の指定が解除された場合に講ずる次に掲げる措置

イ　当該指定に係る旧重要経済安保情報文書等について、重要経済安保情報表示の抹消をした上で、指定解除表示をすること。

ロ　第二号ロ（１）及び（２）に掲げる者に対し、当該指定が解除された旨及びその年月日を記載した書面の交付によりこれらの事項を通知すること。

（その他公益上の必要による重要経済安保情報の提供を受けた者による重要経済安保情報の保護措置）

第十五条　法第九条第一項第一号の政令で定める措置は、同条（同号（イに係る部分を除く。）に係る部分

に限る。）の規定により重要経済安保情報の提供を受ける者による次に掲げる措置とする。

一　当該重要経済安保情報を利用し、又は知る者に、その利用し、又は知る情報が重要経済安保情報であることを認識させるために必要な表示（電磁的記録にあっては、当該表示の記録を含む。）又は通知であって、当該提供の目的である業務の遂行に支障のない範囲内でするものの方法を定めること。

二　当該重要経済安保情報の保護に関する業務を管理する者を指名すること。

三　当該重要経済安保情報を利用し、又は知る者に対し、重要経済安保情報の保護の重要性を理解させること。

四　当該重要経済安保情報を利用し、又は知る者の範囲を制限すること。

五　当該提供の目的である業務以外に当該重要経済安保情報が利用されないようにすること。

六　当該重要経済安保情報を取り扱うために使用する電子計算機の使用を制限すること。

七　前号に掲げるもののほか、当該重要経済安保情報である情報に係る重要経済安保情報文書等の作成、運搬、交付、保管、廃棄その他の取扱いの方法を制限すること。

八　当該重要経済安保情報の伝達の方法を制限すること。

九　当該重要経済安保情報の利用の状況の検査の方法を定めること。
十　当該重要経済安保情報である情報に係る重要経済安保情報文書等の紛失その他の事故が生じた場合における当該提供をした者に対する報告の方法を定めること。

（適合事業者に関する基準等）
第十六条　法第十条第一項の政令で定める基準は、第十一条第一項第一号、第三号及び第五号から第十二号までに掲げる措置並びに次に掲げる措置の実施に関する規程を定めており、かつ、当該規程に従ってこれらの措置を講ずることにより、重要経済安保情報を適切に保護することができると認められることとする。
一　代表者、代理人、使用人その他の従業者（次号及び次条第五号において「従業者」という。）に対する重要経済安保情報の保護に関する教育
二　法第十一条第一項又は第二項の規定により重要経済安保情報の取扱いの業務を行うことができることとされる者のうちからの重要経済安保情報の取扱いの業務を行わせる従業者の範囲の決定
2　第十一条第三項の規定は、法第十条第二項の規定による通知について準用する。

（適合事業者との契約において定めるべき事項）

第十七条　法第十条第三項第六号の政令で定める事項は、当該適合事業者による次に掲げる措置及び当該重要経済安保情報に関する第十一条第一項第五号から第十二号までに掲げる措置の実施に関する事項とする。

一　当該重要経済安保情報である情報に係る重要経済安保情報文書等であって当該適合事業者において作成したものについて講ずる法第三条第二項第一号に掲げる措置又は当該情報について講ずる同項第二号に掲げる措置（法第十条第二項の契約にあっては、当該情報について講ずる法第三条第二項各号のいずれかに掲げる措置）

二　当該重要経済安保情報の指定の有効期間が満了した場合に講ずる次に掲げる措置

イ　当該指定に係る旧重要経済安保情報文書等について、重要経済安保情報表示の抹消をした上で、指定有効期間満了表示をすること。

ロ　次に掲げる者に対し、当該指定の有効期間が満了した旨を記載した書面の交付により当該事項を通知すること。

（１）　法第十条第四項の規定により当該適合事業者から前号に掲げる措置（法第三条第二項第二号に掲げる措置に限る。）を受けた者

（２）　法第十条第六項の規定により当該適合事業者から当該重要経済安保情報の提供を受けた者

三　当該重要経済安保情報の指定の有効期間が延長された場合において、前号ロ（１）及び（２）に掲げる者に対し、当該指定の有効期間が延長された旨及び延長後の当該指定の有効期間が満了する年月日を記載した書面の交付によりこれらの事項を通知すること。

四　当該重要経済安保情報の指定が解除された場合に講ずる次に掲げる措置

イ　当該指定に係る旧重要経済安保情報文書等について、重要経済安保情報表示の抹消をした上で、指定解除表示をすること。

ロ　第二号ロ（１）及び（２）に掲げる者に対し、当該指定が解除された旨及びその年月日を記載した書面の交付によりこれらの事項を通知すること。

五　当該重要経済安保情報の取扱いの業務を行う従業者について、法第十二条第一項第三号に規定する事情があると認められた場合における当該重要経済安保情報の提供をした行政機関の長（法第十条第二項

の契約にあっては、当該重要経済安保情報の指定をした行政機関の長）に対する報告その他の措置

第四章　適性評価等

（適性評価を受けることを要しない者）

第十八条　法第十一条第一項第七号の政令で定める者は、次に掲げる者とする。

一　国家公安委員会委員

二　公安審査委員会委員

三　原子力規制委員会委員

四　都道府県公安委員会委員

（評価対象者に対する告知等）

第十九条　法第十二条第三項（法第十五条第二項において読み替えて準用する場合を含む。以下この条において同じ。）の規定による告知は、法第十二条第三項各号に掲げる事項を記載した書面の交付により行うものとする。

２　法第十二条第三項の規定による同意は、その旨を記載した書面の交付により行うものとする。

（適性評価調査の実施の方法）

第二十条　内閣総理大臣又は行政機関の長若しくは警察本部長は、法第十二条第四項ただし書又は第五項（これらの規定を法第十五条第二項において読み替えて準用する場合を含む。）の規定による適性評価調査を行うに当たっては、評価対象者に法第十二条第二項各号に掲げる事項に関する質問票の交付（当該質問票の作成に代えて電磁的記録の作成がされている場合にあっては、当該電磁的記録の電子情報処理組織を使用する方法による提供）をし、これらの事項についての記載又は記録を求めるほか、運用基準で定めるところに従うものとする。

（国家公務員法第三十八条各号等に準ずる事由）

第二十一条　法第十六条第一項ただし書の政令で定める事由は、国家公務員法（昭和二十二年法律第百二十号）第八十一条第二項の規定に基づく人事院規則で定める降任、免職若しくは降給の事由、自衛隊法施行令（昭和二十九年政令第百七十九号）第六十三条の規定による降任若しくは免職の事由又は地方公務員法（昭和二十五年法律第二百六十一号）第二十七条第二項の規定に基づく条例で定める休職若しくは降給の事由若しくは同法第二十九条の二第二項の規定に基づく条例で定める降任、免職若しくは降給の事由とす

る。

（権限又は事務の委任）

第二十二条　行政機関の長は、法第六章に定める権限又は事務のうちその所掌に係るものを、国家公務員法第五十五条第二項の規定により任命権を委任した者（防衛大臣及び防衛装備庁長官にあっては、自衛隊法（昭和二十九年法律第百六十五号）第三十一条第一項の規定により同法第二条第五項に規定する隊員の任免について権限を委任した者）に委任することができる。

附　則

（施行期日）

1　この政令は、法の施行の日（令和七年五月十六日）から施行する。

（経過措置）

2　法附則第二条の政令で定める日の前日までの間においては、第十一条第一項第四号の規定の適用については、同号中「法第十一条第一項又は第二項の規定により重要経済安保情報の取扱いの業務を行うことができることとされる者のうちからの重要経済安保情報」とあるのは「重要経済安保情報」と、「範囲の決

定」とあるのは「指名」とする。

別記第一様式（第四条関係）

重要経済安保情報

備考　色彩は、やむを得ない場合を除き、赤色とする。

別記第二様式（第七条関係）

重要経済安保情報
指定有効期間満了

備考　色彩は、やむを得ない場合を除き、赤色とする。

別記第三様式（第十条関係）

重要経済安保情報
指　定　解　除

備考　色彩は、やむを得ない場合を除き、赤色とする。

〈重要法令シリーズ132〉

重要経済安保情報保護活用法
法律・運用基準・施行令

2025年2月25日　第1版第1刷発行

発行者　今井　貴
発行所　株式会社 信山社
〒113-0033 東京都文京区本郷6-2-9-102
Tel 03-3818-1019
Fax 03-3818-0344
info@shinzansha.co.jp
出版契約 No.2025-6112-7-01010　Printed in Japan

印刷・製本／亜細亜印刷・渋谷文泉閣
ISBN978-4-7972-6112-7　012-020-020 C3332
分類323.900.e132 P214. 行政法

出典：内閣府ホームページ（https://www.cao.go.jp/keizai_anzen_hosho/hogokatsuyou/hogokatsuyou.html〔施行令・運用基準〕）

研究雑誌一覧

信山社の研究雑誌は、
確実にお手元に届く定期購読がおすすめです。
書店・生協・Amazonや楽天などオンライン書店でもお買い求めいただけます。

2025年2月現在

憲法研究　辻村みよ子 責任編集　既刊15冊　年2回(5月・11月)刊
変容する世界の憲法動向をふまえて、基礎原理論に切り込む憲法学研究の総合誌

行政法研究　宇賀克也 創刊（責任編集：1～30号）
行政法研究会 編集（31号～）　既刊58冊　年4～6回刊
重要な対談や高質の論文を掲載、行政法理論の基層を探求し未来を拓く！

民法研究 第2集　大村敦志 責任編集　既刊11冊　年1回刊
国際学術交流から日本民法学の地平を拓く新たな試み

民法研究（1～7号 終）　広中俊雄 責任編集　全7冊　終刊
理論的諸問題と日本民法典の資料集成で大枠を構成、民法理論の到達点を示す

消費者法研究　河上正二 責任編集　既刊15冊　年1～2回刊
消費者法学の現在を的確に捉え、時代の変容もふまえた確かな情報を提供

環境法研究　大塚　直 責任編集　既刊20冊　年2～3回刊
理論・実践両面からの環境法学の再構築をめざす、環境法学の最前線がここに

医事法研究　甲斐克則 責任編集　既刊9冊　年1回刊
「医療と司法の架橋」による医事法学のさらなる深化と発展をめざす

国際法研究　岩沢雄司・中谷和弘 責任編集　既刊14冊　年1回刊
国際法学の基底にある蓄積とその最先端を、広範かつ精緻に検討

ＥＵ法研究　中西優美子 責任編集　既刊16冊　年1～2回刊
進化・発展を遂げるEUと〈法〉の関係を、幅広い視野から探究するEU法専門雑誌

法と哲学　井上達夫 責任編集　既刊10冊　年1回刊
法と哲学のシナジーによる〈面白き学知〉の創発を目指して

社会保障法研究　岩村正彦・菊池馨実 編集　既刊21冊　年1～2回刊
法制度の歴史や外国法研究も含め政策・立法の基礎となる論攷を収載

法と社会研究　太田勝造・佐藤岩夫・飯田 高 責任編集　既刊9冊　年1回刊
法と社会の構造変容を捉える法社会学の挑戦！法社会学の理論と実践を総合的考察

法の思想と歴史　大中有信・守矢健一 責任編集　既刊4冊　年1～2回刊
【石部雅亮 創刊】法曹の原点に立ち返り､比較史的考察と現状分析から､法学の「法的思考」に迫る

法と文化の制度史　山内　進・岩谷十郎 責任編集　既刊6冊　年2回予定
国家を含む、文化という広い領域との関係に迫る切り口を担保する

人権判例報　小畑　郁・江島晶子 責任編集　既刊9冊　年2回刊
人権論の妥当普遍性の中身を問う。これでいいのか人権論の現状

ジェンダー法研究　浅倉むつ子・二宮周平・三成美保 責任編集　既刊11冊　年1回刊
既存の法律学との対立軸から、オルタナティブな法理を構築する

法と経営研究　上村達男・金城亜紀 責任編集　既刊7冊　年2回刊
「法」と「経営」の複合的視点から、学知の創生を目指す

メディア法研究　鈴木秀美 責任編集　既刊2冊　年1回刊
メディア・放送・表現の自由・ジャーナリズムなどに関する法学からの総合的検討

農林水産法研究　奥原正明 責任編集　既刊4冊　年2回刊
食料安全保障を考える。国際競争力のある成長産業にするための積極的考察・提案

詳細な目次や他シリーズの書籍は、
信山社のホームページをご覧ください。

https://www.shinzansha.co.jp
またはこちらから　→

信山社
〒113-0033　東京都文京区本郷6-2-9
TEL:03-3818-1019　FAX：03-3811-3580
03-3818-0344（代表）

法と社会研究　太田勝造・佐藤岩夫・飯田 高 責任編集

第９号　菊変・並製・168頁　定価4, 180円（本体3, 800円+税）

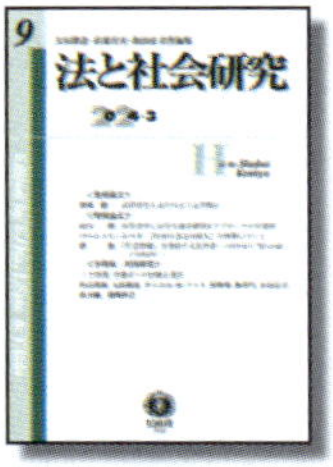

【巻頭論文】法社会学とはどのような学問か〔馬場健一〕
【特別論文】法社会学における混合研究法アプローチの可能性〔山口　絢〕
『日本の良心の囚人』の執筆について〔ローレンス・レペタ〕
「社会問題」を発信する法学者〔郭　薇〕

小特集 弁護士への信頼と選択

村山眞維、太田勝造、ダニエル・H・フット、杉野 勇、飯 考行、石田京子、森 大輔、椛嶋裕之

法の思想と歴史　大中有信・守矢健一 責任編集［創刊　石部雅亮］

第４号　菊変・並製・164頁　定価4, 180円（本体3, 960円+税）

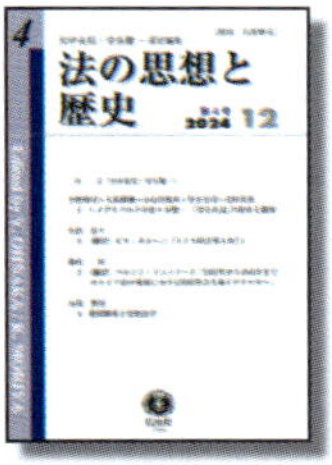

序　言［大中有信・守矢健一］
1　ハイデルベルクの佐々木惣一「洋行日記」の紹介と翻刻
〔小野博司＝大泉陽輔＝小石川裕介＝兒玉圭司＝辻村亮彦〕
2　(翻訳)ピオ・カローニ『スイス民法導入章』(1)〔小沢奈々〕
3　(翻訳)ベルント・リュッタース「1933 年から 1945 年までのドイツ法の発展における国民社会主義イデオロギー」〔森田　匠〕
4　穂積陳重と比較法学〔石部雅亮〕

法と文化の制度史　山内　進・岩谷十郎 責任編集

第６号　菊変・並製・224頁　定価4, 180円（本体3, 800円+税）

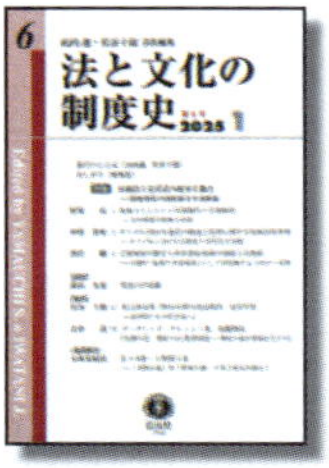

特集　伝統法と近代法の混交と融合

1　地域コミュニティの連続性と不連続性〔松尾　弘〕
2　モンゴル 1924 年憲法の構造と特質に関する比較法的考察〔中村真咲〕
3　公園制度の継受と所有者的意識の連続と不連続〔深沢　瞳〕
【論説】明治の吟味願〔髙田久実〕
【書評】『明治中期の民法教育・民法学習』〔岩谷十郎〕／『火薬の母　硝石の大英帝国史』〔大中 真〕
【査読論文】佐々木惣一と穂積八束〔大和友紀弘〕

人権判例報　小畑　郁・江島晶子 責任編集

第９号　菊変・並製・148頁　定価3, 520円（本体3, 200円+税）

【論説】性的マイノリティに関するヨーロッパ人権裁判所の判例〔齊藤笑美子〕
【判例解説】ゴーラン判決〔山本龍彦〕／グルゼダ判決〔須網隆夫〕／NIT 対モルドバ判決〔杉原周治〕／ヴィラビアン勧告的意見〔前田直子〕／カバラ判決（不履行確認訴訟）〔竹内　徹〕／ダルボーおよびカマラ判決〔川村真理〕／ドゥレロン判決〔北村理依子〕／H. F. 対フランス判決〔秋山　肇〕／デ・レジェ判決〔中島洋樹〕／モルティエ判決〔小林真紀〕／ブトン判決〔橋爪英輔〕／ムハンマド判決およびバス判決〔奈須祐治〕／クピンスキー判決〔里見佳香〕